知也无涯·走/近/科/学/家

# 洪流向海 波浪情缘
## 邱大洪传
QIU DAHONG ZHUAN

王晶华　姜文洲　◎著

大连理工大学出版社
Dalian University of Technology Press

图书在版编目(CIP)数据

洪流向海 波浪情缘：邱大洪传 / 王晶华，姜文洲著. -- 大连：大连理工大学出版社，2022.10
ISBN 978-7-5685-2759-0

Ⅰ. ①洪… Ⅱ. ①王… ②姜… Ⅲ. ①邱大洪-传记 Ⅳ. ①K826.16

中国版本图书馆CIP数据核字(2020)第231952号

大连理工大学出版社出版
地址：大连市软件园路80号　邮政编码：116023
发行：0411-84708842　邮购：0411-84708943　传真：0411-84701466
E-mail：dutp@dutp.cn　URL：https://www.dutp.cn
大连图腾彩色印刷有限公司印刷　大连理工大学出版社发行

幅面尺寸：148mm×210mm　印张：9.125　字数：204千字
2022年10月第1版　2022年10月第1次印刷

责任编辑：邵　婉　朱诗宇　　　　　责任校对：齐　悦
封面设计：奇景创意

ISBN 978-7-5685-2759-0　　　　　　　　　　定　价：85.00元

本书如有印装质量问题，请与我社发行部联系更换。

# 目 录

**人物档案** / 1

**早期教育** / 7
 古镇望族 / 9
 家庭启蒙 / 15
 渭风小学 / 18

**走进"南模"** / 25
 红楼记忆 / 27
 日语课风波 / 31
 六个好伙伴 / 33
 告别"南模" / 38

**水木清华** / 47
 求学清华园 / 49

洪流向海　波浪情缘——邱大洪传

　　参加开国大典 / 57
　　野外测量实践 / 61
　　聆听朱德总司令的报告 / 66

**初到大连工学院** / 71
　　翻译与助教 / 73
　　创建港工专业 / 79
　　名师指导 / 82

**大连渔港工程设计** / 89
　　几代人的期盼 / 91
　　28 岁的总工 / 95
　　八年奏响一支凯歌 / 97

**大连新港工程设计** / 103
　　为了周总理的嘱托 / 105
　　工程现场设计代表 / 107
　　港湾的守望 / 114

**海洋平台工程设计** / 119
　　沉浮式海洋平台 / 121

# 目录

  钢筋混凝土海洋平台 / 123
  联合设计组组长 / 125

## 波浪理论 / 129

  浅水区非线性波浪理论 / 131
  随机波浪理论与应用 / 134
  渗流与海工建筑物相互作用 / 140

## 创建国家重点实验室 / 145

  从水利馆起步 / 147
  引进先进仪器设备 / 156
  学术委员会主任 / 162
  指导国家重点实验室建设 / 164

## 耕耘杏坛　育人不倦 / 169

  指导研究生 / 171
  培养学术接班人 / 175
  功勋教师 / 183
  关心下一代 / 186

## 工程咨询 / 191

  "邱式板凳"——连云港工程建设 / 193

伶仃洋里的淤积——广州港西线水道开发 / 198
"百亿工程"——温州浅滩围涂工程 / 200
坚决保留汊道口——洋山港工程建设 / 202
院士特殊贡献奖——曹妃甸港工程建设 / 210

## 参政议政 / 219

大连滨城资源开发与生态环境保护 / 221
西部大开发的新思考 / 226
建言献策国民经济与社会发展 / 229
关注司法改革与依法治国 / 232
给总理的建议书 / 237
九三楷模 / 238

## 参考文献 / 243

## 附　录 / 249

邱大洪年表 / 251
邱大洪主要论著目录 / 274

## 后　记 / 283

# 人物档案

邱大洪，男，祖籍浙江湖州，1930年4月6日出生于上海。九三学社社员，我国著名海岸和近海工程专家，大连理工大学教授，中国科学院院士。第八届全国政协委员、第九届全国政协常委，第九届、第十届九三学社中央委员。现任中国海洋工程学会名誉理事长，《中国海洋工程》(英文版)编委会主任。主持国家自然科学基金项目等20多项。先后获得国家级有突出贡献专家、国家高校先进工作者、辽宁省优秀教师、辽宁省和大连市优秀专家等称号。

邱大洪小学就读于上海渭风小学，中学就读于上海南洋模范中学。年少的邱大洪看到日本侵略者肆意烧杀抢掠，萌发了科学救国的愿望，刻苦学习。1947年考入清华大学土木工程系。1949年初北平解放，邱大洪随解放军到城里做宣传工作，发动群众忆苦思甜，通过深入了解了工人阶级的底层生活，受到很大触动。1951年，我国第一次实行大学毕业生由国家统筹分配制度，邱大洪响应国家"到工业建设的第一线去，到东北去"的号召，来到中国共产党在新中国成立前夕面向新中国工业体系建设亲手创办的第一所新型正规大学——大连工学院(现大连理工大学前身)任教。

1952年，在著名教育家、科学家钱令希[①]的主持下，邱大洪参与新中国第一个海港工程专业的创建工作，从此"与海结

---

① 钱令希(1916—2009)，著名力学家、教育家，我国计算力学工程结构优化设计的开拓者。1916年出生于江苏无锡，1936年毕业于上海中法国立工学院。1938年获比利时布鲁塞尔自由大学工程师学位。回国后曾从事铁路桥梁工程设计，担任云南大学(1942—1943)、浙江大学(1943—1951)教授。1952年来到大连工学院，历任数理力学系主任、工程力学研究所所长、大连工学院院长等职。1955年被选聘为中国科学院学部委员(中国科学院院士)。

缘"。工作之初,邱大洪先后为四位教授主讲的"工程画图""测量学""土力学""结构力学"等课程当助教,后来主讲了"港口及港工建筑物""工程水文学""波浪理论"等多门专业基础课和专业课。1956年担任海港工程教研室副主任。1958年与侯穆堂合作编著全国高校海港工程专业第一部教材《港及港工建筑物》,该教材成为海港工程设计界的主要参考书。

1958年,大连工学院承接了大连渔港海上工程设计任务,28岁的邱大洪出任技术总负责人。这是由中国人第一次独立设计建造的现代化渔港,也是当时亚洲最大的渔港。1966年,大连渔港建成投产。

1973年,大连工学院又承担了我国第一座现代化原油输出港——大连新港的设计任务。邱大洪作为主要技术负责人之一,负责码头选型、总体和结构设计,并任施工现场设计代表。1976年5月,具有同时停靠10万吨级和5万吨级油轮的大连油港离岸式码头建成,原油年通过能力达到1500万吨。大连新港的工程设计荣获全国科学大会奖和国家建委20世纪70年代全国优秀设计金奖,开创了我国建港史上工程设计与施工技术的一个又一个"第一"。1994年,邱大洪主持了大连新港的技术改造设计,将10万吨级和5万吨级两个泊位分别改造成为15万吨级乃至20万吨级和8万吨级的泊位。大连新港为我国原油出口发挥了重大作用,支持了国家经济建设。

1983年,为开发我国南海北部湾的石油资源,邱大洪主持国家"六五"科技攻关项目"混凝土多用平台可行性研究",

作为5所高校参加的联合设计组组长,组织139名教师和工程技术人员进行了14项专题实验研究,编制了17项专用计算机程序,主编了6册可行性研究报告。该成果于1986年获得国家教委科技进步奖一等奖。

此外,邱大洪还先后参与了连云港集装箱码头、秦皇岛油港、某海军基地浮码头、广东省珠江崖门出海航道工程、上海洋山深水港区、曹妃甸工业区造地工程、海南省洋浦港国家重点工程等项目的模型试验、设计、科技咨询和顾问工作。

邱大洪始终坚持教学、生产和科学研究相结合,在浅海波浪和波浪力等主要研究领域开展了一系列有创造性的工作。在理论研究中,既重视学科发展的前沿课题,又重视理论的工程应用和方法使用,其研究成果为我国海岸工程设计提供了更加符合实际的科学依据。1981年以来,邱大洪共发表学术论文133篇,其中,在国外学术会议及期刊上发表33篇,在国内学术期刊发表100篇。1988年,以他为主要学术带头人的海岸工程学科(专业)被批准为首批国家重点学科(专业)。

1986年,邱大洪主持建设了大连理工大学海岸和近海工程国家重点实验室。1990年,该实验室通过国家验收后被批准对国内外开放,邱大洪任第一任实验室主任。

作为九三学社社员,邱大洪积极参政议政。在担任第八届全国政协委员、第九届全国政协常委,第九届、第十届九三学社中央委员期间,每年的政协会议上他都提交提案,有时达6件之多。在全国政协九届五次会议上,他前瞻性地提出了《关于尽快建立个人信用制度的建议》。此外,《对西部开发战略的建议》《关于完善股票发行上市制度的建议》等提案,均引起各界的广泛关注。打开邱大洪的参政议政文件夹,可见有上百条咨询建议及对策研究:《把大连港建成环渤海地区集装箱区域干线港的对策》《关于尽早有规模地开发我国地热资源的建议》《关于加强对资源型城市产业转型给予政策支持的建议》《从当前我国沿海海域空间资源开发趋势想到的》《关于长江口整治工程的工程设计和施工技术的几点看法》《对湛江海岸经济发展的几点看法》《发展海洋经济要科学用海和管海的建议》……

近年来,邱大洪对我国航母基地建设工程和南海岛礁建设工程都提出了建设性的咨询建议。2019 年 6 月,邱大洪荣获中共中央、国务院、中央军委联合颁发的"南海岛礁建设"纪念章。

2019 年 7 月 1 日,中共中央政治局常委、国务院总理李克强在大连参加夏季达沃斯会议期间,来到大连理工大学考察,邱大洪亲手把精心准备的《发展水网经济、改善生态环境——关于东北和辽宁经济发展的建议》递交给李克强总理。

2019 年 12 月 13 日,在九三学社十四届三中全会上,邱大洪被授予第五届"九三楷模"荣誉称号。2020 年 3 月 3 日,九三学社中央委员会网站发表《邱大洪:与海结缘 躬耕不息》一文,对邱大洪院士的事迹进行了全面报道。

# 早期教育

## 古镇望族

邱大洪祖籍浙江湖州南浔。南浔,明清时期为江南蚕丝名镇,是一个人文历史悠久、中西建筑合璧的江南古镇。在晚清同治、光绪年间,浙江湖州古镇南浔出现了一个因经营丝业发达的富裕阶层,这一阶层一经崛起,便对湖州乃至江浙地区的社会、经济、文化变迁产生了重大影响。

邱氏原籍为河南商丘。北宋末年,金兵南袭,侍郎邱景随宋高宗南渡,始居临安(今杭州)。清康熙年间,邱氏家族迁至湖州南浔定居,经营丝业。南浔素有崇文重教的优良传统,这里文化繁荣,教育发达,名人辈出,其中许多人在不同的历史时期卓有建树。明代就有"九里三阁老,十里两尚书"之说。宋、明、清有进士41人,宋、元、明、清时期,浔籍京官有56人,明、清两代全国各地州县官有57人。南宋至民国,在全国有影响的浔籍专家、学者有80多人。

而在当代,对南浔最具有影响的人物之中,就有9位院士。这些院士中有我国第一代战略导弹总设计师、被称为"航天之父"的屠守锷,我国导弹驱逐舰总设计师潘镜美,以及著名昆虫学家邱式邦和著名农学家卢良恕,等等。邱大洪则是新中国第一个大型渔港和第一个大型油港的主要设计者,他对波浪理论和实验研究的成果,为海岸工程建设提供了科学依据。

邱大洪出生在上海,他对家乡(祖籍)的记忆是:"印象中就是老家的院子很大,屋后有一条小河。我们邱家是南浔几

洪流向海　波浪情缘——邱大洪传

个有名的大家之一。后来我回老家去,房子已上交给政府。解放后,不知道那房子当作什么用了,但还能找到我们家的后门。"①

尽管邱大洪对家乡记忆不是很深刻,但他对古镇南浔还是有着深厚的感情的,因为这里记录了他的祖辈、父辈生活、奋斗的骄傲。

1998年,邱大洪故里寻根,对家乡南浔日新月异的变化感慨万千。"家乡的变化实在太快,我几乎认不出来了。"当听说政府根据"在发展中保护,在保护中发展"的方针,已请有关专家设计古镇改造方案时,邱大洪高兴地说:"看惯了大海的茫然无际,波澜壮阔,再看南浔古镇的小桥流水,更觉亲切。"南浔古镇碧水环绕,绿树森森,如梦如幻。面对此情此景,邱大洪十分激动,他说,如果不是祖国强盛,哪有今天的美好家园?!

对于此次故乡之行,曾接待过他的南浔同乡会会长眭桂庆说:"邱大洪老师90年代末期回来那次,非常兴奋,像个小孩子一样。那时他的学术活动多,还指导研究生。我们国家现代化进程非常快,他从事港口工程工作,经常出差。他说走遍天下,还是老家最好。"②

"少小离家老大回。"尽管邱大洪没出生在南浔,也没在南浔长大,但他对这片土地有着一种特殊的感情。他喜欢喝

---

①　邱大洪访谈录,2015年3月20日。资料存于北京理工大学"老科学家学术成长资料采集工程馆藏基地"。
②　眭桂庆访谈,2015年4月14日,南浔。资料存于老科学家学术成长资料采集工程数据库。

### 早期教育

南浔薰的豆茶,喜欢吃南浔的"绣花巾"菜,他喜欢南浔的一山一水、一草一木。当与乡亲们辞行时,他感慨万千地说:"回家的感觉真好!家乡确实很美丽。以后有机会,我还要回来!"①

邱大洪与南浔同乡会会长眭桂庆合影(摄于2015年4月14日)

---

① 张前方.中国院士与湖州[M].2版.沈阳:沈阳出版社,2014:89-90.

此次南浔之行,在与年轻人接触时,邱大洪一直鼓励年轻人要珍惜大好时光,抓紧时间为国家做点事情。他说:"我的一生经历了社会动荡和战争给人民带来的灾难,也见证了中华人民共和国的成立,以及科学技术的飞跃发展。国家给了我们科技人员发展的机会,特别是改革开放以后科学的春天到来,当时我们已经五六十岁了,但是我们抓住了这个机会,报效祖国。我当时想,我一定要把'文革'十年浩劫失去的时光追回来。希望你们也是如此。"

邱大洪自1951年到大连工学院以来,把所有的精力都放在科研工作上,很少有闲暇时间。年纪稍长,他对故乡的思念越来越强烈。南浔寻根后,他经常与眭桂庆先生联系。眭桂庆对邱大洪说:"您是南浔九位院士之一,这是南浔的骄傲和光荣,也是南浔崇文重教的结果。您从事港口建设,南浔暂时没有港口,如果有需要您的地方,我们一定会请您指导。"邱大洪真诚地说:"我的专业不一定适应南浔家乡建设,但如果家乡有任何需要,我会尽力而为。"

2015年4月,为了配合完成由中国科协牵头组织的"老科学家学术成长资料采集工程"(邱大洪院士入选该工程采集项目),邱大洪又一次与采集小组的同志回访南浔。他非常高兴,一路上谈笑风生。当来到旧居时,他久久凝视,许久没有讲话,眼中噙满泪水。白墙青瓦,碧水蓝天,南浔秀丽依旧;乡音乡情,别绪离愁,游子华发满头。

### 早期教育

2015年4月14日，邱大洪回访南浔老家

洪流向海　波浪情缘——邱大洪传

2021年6月,南浔区委宣传部的同志特意赶赴大连看望邱大洪院士,送来乡音乡情。看着一张张老照片,再次品尝家乡的熏豆茶、桔红糕,邱大洪难掩激动。似水流年,如醉乡愁;游子感念,桑梓情深!

南浔区委宣传部送来乡音乡情(2021年6月24日)

2022年7月,南浔区委宣传部、南浔区融媒体中心联合推出《南浔骄子》系列纪录片第四集《如洪似海——中国科学院院士邱大洪》,歌颂邱大洪为党和国家教育事业和海洋工程建设做出的突出贡献,铭记南浔骄子的骄傲与荣光。

## 早期教育

## 家庭启蒙

邱大洪父亲邱鸿渐,字伯铭,早年毕业于上海交通大学,所学专业为铁路管理。他是一位爱国民族资本家,全国解放后,曾担任过青岛市四方区第二届人民代表大会代表,青岛市第三届人民代表大会委员。他为人善良,待人谦和,风度儒雅,工作能力很强。全家经济来源主要是邱鸿渐薪水所得。他家当时的经济状况是这样的:

"家中没有田地房产,主要财产是股票,至于有什么股票,有多少股票不清楚。父亲和姑父几个朋友合办晶华玻璃厂,一直在内任副经理,每月日常开支靠薪水,因薪水高所以生活优裕。"①

晶华玻璃厂是我国最早的机械化制造啤酒瓶的工厂。晶华玻璃厂就是在全国抵制日货、提倡国货运动的背景下,为促进民族工业发展而开办的。当时,徐肇和(邱大洪的大姑父,全国解放后当选全国政协委员)、邱伯铭、王敬业三人向亲友筹集资金,创办了晶华玻璃厂,厂址设在上海市白利南路(今长宁路)周家桥附近。这个厂专给上海的怡和洋行做啤酒瓶。

1937年,全面抗战爆发后,晶华玻璃厂将一些日本籍的技术人员和工人全部辞退,改用国人自行生产。"淞沪会战"爆发后,晶华玻璃厂被迫停工。

---

① 大连理工大学档案馆《高等学校学术骨干登记表》。

### 洪流向海　波浪情缘——邱大洪传

"八一三事变"后,晶华玻璃厂为了重新生产,躲避日本人的报复,改在香港注册,变为英商。[①] 不幸太平洋战争爆发,日本人借口晶华玻璃厂是英商企业,作为敌产由太阳牌啤酒厂占领。几经交涉,直到1945年抗战胜利前夕,晶华玻璃厂才得以归还。然而,所存原料、燃料全部被日寇用完,熔炉与机器亦遭损坏,无法开工。

上海刚解放,晶华玻璃厂一时难以复工。适逢青岛啤酒厂急需啤酒瓶,派人来上海商谈。在党对民族工业的正确领导和扶助下,徐肇和等于1951年初同意将晶华玻璃厂改为公私合营,并将全部生产设备迁往青岛。从此,晶华玻璃厂获得了新生。

邱大洪的父亲几乎将所有精力都投到民族工业发展事业中。他热爱祖国,痛恨日本侵略,为了抵制日货,挺起中国人的脊梁努力奋斗了几十年。尽管忙于自己的事业,很少有闲暇的时间,但他始终不忘对子女的教育。

就在邱大洪刚刚读小学的时候,有一天早上,父亲将他叫到身边,说道:"大洪,你已经是读书人了。人,大家一样,方趾圆颅,有口有眼,之所以又不一样,有的聪明、有的笨,就在于能否学习。民为邦本,本固邦宁,你要好好学习,做个对国家有用的人。"年幼的邱大洪虽然没有完全理解,但他记住了父亲的话。从此,学做"有用于国家的人"就成了邱大洪读书做人的奋斗目标。

父亲的教诲令邱大洪时刻不能忘记。在上海私立渭风

---

[①] 大连理工大学档案馆《高等学校学术骨干登记表》。

## 早期教育

小学读书时,邱大洪为国家奋斗的思想得到了进一步升华。那是在"八一三事变"后,日本帝国主义侵占上海,邱大洪跟着家人逃难到家乡湖州南浔,一路上目睹了老百姓颠沛流离的情景,心中充满了对日寇的仇恨。这使他萌发了"科学救国"的信念,努力学好各门功课,为振兴中华发奋成才。

当时上海日伪当局规定:凡是中国老百姓从日本哨兵面前走过,都必须向"皇军"行鞠躬礼。对于这种污辱中国人的规定,邱大洪很气愤。每天上学放学,他宁肯绕远路,也不肯在日本侵略者面前弯腰。

邱鸿渐不仅重视对孩子的思想教育,还特别注重传统文化教育。邱大洪回忆道:"我小时候,父亲请了一个教书先生,让我练毛笔字。我在描红本上写,每天要写好几页描红本。我父母看后,会在写得好的字旁边画上圈。我的字临帖写过挺多,现在还会写毛笔字。"[1]

父亲的一言一行对童年的邱大洪产生了潜移默化的影响,如科学救国、重视先进生产技术等。他的父辈中许多人对邱大洪日后的求学、科研和教育都产生了不可估量的影响。

邱大洪的母亲周世英也是浙江湖州南浔人,出身也是名门。周世英知书达理,贤惠无比。在这个家庭中,她除了相夫教子外,中华人民共和国成立后,还积极参加一些有益的社会活动。1955年起,她曾担任青岛市市南区江苏路管区童鞋厂厂长、山东省人大代表、民建会员,还曾任青岛市工商联

---

[1] 邱大洪访谈录,2015年3月20日,大连。资料存于北京理工大学"老科学家学术成长资料采集工程馆藏基地"。

副主任。

邱鸿渐夫妇共有五个子女,三男两女,依次为:邱锦来(女)、邱大洪、邱锦文(女)、邱大雄、邱大燮。由于他们从小生活在这样一个知书达理、和谐文明的家庭氛围里,邱大洪五兄妹聪颖好学,个个都学有所成。在日后各自的工作岗位上都取得了非凡的成绩,特别是社会主义建设时期,每个人都努力奋斗,服务祖国,为国家的发展贡献了自己的力量。

## 渭风小学

邱大洪小学之前的两年时光,是姐姐邱锦来带着她在一所教会的幼儿园度过的。这所幼儿园的名字叫"沐恩堂",沐恩堂原名"慕尔堂",又名"慕乐堂"。

"沐恩堂"的前身是美国教会监理公会设的监理会堂,建于清光绪十三年(1887年)。1900年为纪念信徒慕尔的襄助,改名为慕尔堂,后又改称沐恩堂。1930年建成红砖结构的哥特式教堂,内有可容1000余人的礼堂及音乐室等。

沐恩堂的大堂朝西,经门厅入礼堂。门厅上层是一间小礼堂,为木结构尖拱屋顶。堂的西北、西南、东南三面均为4层楼建筑,用作牧师办公室、幼儿园、中小学教室、宿舍等。

对于这段往事,邱大洪是这样回忆的:"我3岁上幼儿园,5岁上小学,11岁上中学,17岁上大学,比较早,我跟我姐姐(是)同年级的,我姐姐比我大两岁(虚岁),那时候我姐姐上幼儿园的时候我就跟她一起去,小学跟姐姐同年级、同班。"[①]

当时邱大洪的祖母还健在,对他要求非常严格。邱大洪每天从幼儿园回来后,就来到祖母的房间里,伏在"搁排凳"上做作业,完成作业后,才能出去玩。那时候,他的家住在上海的白克路 376 弄 29 号,是英租界,现在叫凤阳路,二楼中间的房间是他祖母住的,他的父母住在东厢房,二伯父住在西厢房,他们兄弟姐妹分别住在东厢房后面。

1935 年,邱大洪 5 岁时跟随姐姐邱锦来就读于上海私立渭风小学。他与姐姐同年级并且同班。据邱大洪回忆:

"渭风小学就在我们家不远,从我家所在的弄堂口出去,向右沿凤阳路(当时原名白克路)前行,中间经过与成都路的交叉口,再向前行快到凤阳路和南京路的交叉处,就是当时渭风小学的所在地。我记得在这交叉口附近,有一家店名叫乔家栅的,那里卖的糕点,特别是汤团非常好吃,常需要排很长的队才能买到。在这交叉口处的南京路上,有个上海有名的电影院叫大华电影院。渭风小学现在已经没有了,我们家的弄堂也没有了,不过具体位置我能找到,距离上海的人民公园很近。人民广场解放前就是跑马场,现在是上海图书馆。前面有大自鸣钟的那条路,现在叫黄陂路,那时候叫什么路我不记得了。有一次,我还到我们那个弄堂里去转了一圈,那时候我们家的房子还没拆迁,当时的门牌号为白克路

---

[①] 邱大洪访谈,2014 年 11 月 9 日,大连。资料存于北京理工大学"老科学家学术成长资料采集工程馆藏基地"。

洪流向海　波浪情缘——邱大洪传

376弄29号,是一个石库门3层楼。"①

上海私立渭风小学是一所教会学校,在全国解放前被售出开办了药厂,至于学校的历史和概况已经无从查考。现存的档案资料只查到两条:

一是该校校长周粹英系1927届上海中西女中毕业的学生。当时的上海中西女中前身是中西女塾,于1892年由美国基督教监理会创办,是近代上海最著名的女子学校。前六任校长均为美国人,学制为10年,主要招收富家女子。

二是周粹英在中西女中毕业前夕曾在中西女中校刊《墨梯》发表文章《论说——性善性恶说》,全文如下:

"孟子言性善,其说主乎顺道。荀子言性恶,其说主乎逆道。盖人之初,性本善,性相近,习相远也,此性善之说也。夫性犹水也,水之始达,无分乎东西。决之东方则东流,决之西方则西流。人无分乎君子小人,养性则为君子,任性则为小人。故水不善道,奔溃千里。人不诱掖奖励,则流为寇贼,而不齿于人类。孟荀之说,虽绝独不相容,要旨异趣而同归也。夫易迷者莫如歧途,易染者莫如素丝,易失者莫如本性。自南自北,自西自东,分支别干,八达四通,途歧而不迷者有几?白则受采,甘则受和,清流可浊,美玉易瑕,丝者不染者有几?平心坦白不受风尘,如酒方澈,如水方澄,能保此本性而不失者有几?呜呼,此人之性善所以易染为性恶也。且夫习俗之俗人也,有染人者,有染于人者。然目穷千里不能自

---

① 邱大洪访谈,2015年6月27日,北京。资料存于北京理工大学"老科学家学术成长资料采集工程馆藏基地"。

见其眉睫,染人也不自知,染于人也亦不自知。由此观之,习俗于我人之本性有极重大之关系,我人可不加意而研究之乎?"①

从这篇文章可以看出,中学的周粹英认为:白的东西可以染成各种颜色,甜的东西可以与其他气味食物混合,清的流水可以使它混浊,美玉也容易使它有瑕疵。在她看来,这一切都与习俗有着重要关联。

基于这一理念,周粹英在任上海私立渭风小学校长期间,非常注重为学生营造积极向上的学习环境,为了心爱的教育事业她"爱校如家,并将私人住宅捐献出来作渭风小学的校舍"②。

在这种氛围和环境下,上小学的邱大洪得到了良好的教育。邱大洪聪明好学,思想活跃,做事十分认真。在上海私立渭风小学读书期间,邱大洪在姐姐邱锦来的带领下,每天都早早来到学校,从不迟到早退。在课堂认真听老师讲课,刻苦学习各门课程。每天与姐姐一起放学回家后,自己便跑到祖母房间里做作业。在整个小学期间,他特别喜欢语文、英语、算术和修辞等课程,所学的功课成绩在班级始终名列前茅。

80多年后,邱大洪对于自己中小学所学的英语曾做过这样的比较:"南模中学英语教学质量很好,但它(南洋模范中

---

① 上海市外滩档案馆,档案号 Q 253-3-159。
② 2015年8月7日,对严幼兰的电话访谈。严幼兰,1929年出生于上海,1935年入上海私立渭风小学读书,1942年入上海清心女子中学读书,1947年考入大同大学读书,毕业后一直在上海振中女中、上海向新中学教语文。

学)不注重口语,注重阅读、语法。渭风小学特别重视英语口语。"①这两个阶段的英语学习,正好为邱大洪全面掌握英语打下了基础。

邱大洪当时在班级里年龄最小,个子也最小。就是这个小个子,不但自己努力学习各门课程,还经常帮助其他同学。他的一名同班同学刘泽墀说:"在渭风小学读书的邱大洪是一位性格内向、默默无声的小同学,他各门功课却很好,同学们有什么难题、怪题都喜欢问他。他在班级里,对时间抓得非常紧,但每当同学向他问问题时,他都放下自己的事情,热情帮助同学解答,辅导完同学后,他立刻就去做功课。在班级里,他口碑非常好,老师和同学们都非常喜欢他,与他交往和相处,非常愉快,特别开心。总之,他是一个值得信赖的同学。"②

当年上海私立渭风小学没有英语教材,更没有英文语法书。他们读的许多书都是英文原版的经典书籍。老师挑重点的章节在课堂上讲,其余部分留作课外阅读。语法在讲授课文的过程中讲解。从这些经典作品中,同学们开阔了眼界,对西方世界的文化、历史和人文习俗有了了解,从而学会如何用英语习惯的表达方式写英文作文或读书报告。

为了提高英语水平,上海私立渭风小学采取了多种多样的练习方法巩固英语学习成果。学校要求学生们模仿原著

---

① 邱大洪访谈录,2015年6月27日,北京。资料存于北京理工大学"老科学家学术成长资料采集工程馆藏基地"。

② 刘泽墀访谈录,2015年6月27日,北京。资料存于北京理工大学"老科学家学术成长资料采集工程馆藏基地"。

写自己的小故事,或将原著中的一段编成短剧。学校将柴可夫斯基的《睡美人》与《胡桃夹子》,还有《格林童话》中的《白雪公主》等编写成小故事进行演出。刘泽墀回忆说:"我与邱大洪、邱锦来、资中筠①都经常参加学校演出活动,我扮演《白雪公主》中的坏巫婆,其中几句台词我还能清清楚楚地记得。例如'Who is beautiful all?''mirror on the wall'等等。"②

受家庭和学校教育的影响,小学时的邱大洪就对读书有着特殊的渴望。上海私立渭风小学的学习经历,既满足了他的学习愿望和学习兴趣,又使他学到了大量的知识。他学习成绩好,学习起来也比较轻松。

学校以外的邱大洪是一位天真、活泼、顽皮的儿童。每到星期天,邱大洪便与姐姐、妹妹和弟弟乘着自己家的黄包车去住在梅白克路(现在的新昌路)和爱文义路(现在的北京西路)交叉口的外婆家。他外婆家特别大,是按照乡下大户人家南北几进大堂的风格建造的,后面还有花园,后门沿街(梅白克路)有专供佣人住的房屋。来到外婆家的邱大洪和外婆家的表姐弟们常常一起玩耍。

1941年7月,邱大洪和姐姐邱锦来结束了在上海私立渭风小学6年的学习,姐姐以优异的成绩考入上海中西女中,而邱大洪则考入了上海南洋模范中学。

---

① 1939—1940年,资中筠在上海读高小,也就是现在的小学五、六年级。那时因避天津水灾,随家人到上海,住在舅舅家。

② 刘泽墀访谈录,2015年6月27日,北京。资料存于北京理工大学"老科学家学术成长资料采集工程馆藏基地"。

洪流向海　波浪情缘——邱大洪传

上海私立渭风小学毕业照（前排左一为邱大洪，摄于 1941 年 6 月 21 日）

　　上海私立渭风小学是一所在上海市档案馆、上海市图书馆、上海市地方志办公室及静安区、黄浦区地方志上没有任何记载的一所学校，然而就是这样一所名不见经传的学校在邱大洪这个班，日后成长为两院院士的有三人：邱大洪、周干峙、黄量。此外，资中筠是资深学者，国际政治及美国研究专家，中国社会科学院荣誉学部委员。

# 走进"南模"

## 红楼记忆

邱大洪与姐姐小学毕业后，准备继续上学学习。父亲邱鸿渐对他们说，考中学一定要考上海最好的中学。邱大洪与姐姐没有辜负父亲对他们的期望，两个人都考上了上海非常好的中学。姐姐考入了上海中西女中，邱大洪考入上海私立南洋模范中学（以下简称"南模"）。若干年后，邱大洪在谈到报考"南模"时说："我们中学就在现在的上海交通大学的马路对面。它就是我们学校的后门，交大的前门。给我们上课的教师，有不少都由上海交大的教授来兼职，数学、物理、化学等课程都由上海交大的教授来讲授。我们学的教科书用的都是英文版，交大的课本。"①

邱锦来就读的中西女中的前身是中西女塾，这所学校创办于1892年。创办人是美国卫理会驻沪传教士林乐知，首任校长是海淑德（Laura Haygood）。这所由美国基督教监理会创办的学校的旧址设在今黄浦区汉口路西藏中路口。中西女中是中国近代史最著名的女子学校之一。宋霭龄、宋庆龄、宋美龄三姐妹都曾就读于这所中学。

邱大洪就读的"南模"前身是南洋公学的附属中学，创建于1901年，是中国人自己创办的最早的新式学堂之一。毛泽东曾为"南模"学生壁报题名"青锋"。江泽民为"南模"百年校

---

① 邱大洪访谈录，2014年11月19日，大连。资料存于北京理工大学"老科学家学术成长资料采集工程馆藏基地"。

洪流向海　波浪情缘——邱大洪传

庆的寄语是："求知的模范、生活的模范、爱国的模范、进取的模范。"学校现为上海市实验性示范性高级中学。

邱大洪读书时，"南模"的校址在法租界姚主教路（今天平路）200号的一幢花园洋房，据说这幢洋房原是前清负责海关的一位官员的私产。在民国时代，南面的一幢楼房曾经被用作警察局，解放以后成为华光中学的校舍。到1986年，徐汇区教育局撤销华光中学，南面的这幢楼房被夷为平地，成了"南模"的操场。而北面的一幢楼房，从1938年起，就成为"南模"的标志性建筑物，后来被称为红楼，直到1998年才被拆除。

在红楼里，邱大洪度过了中学的6年时光。在红楼里，邱大洪接受了全面的素质教育。"南模"历来以教学严谨而著称，蜚声海内外。"勤、俭、敬、信"四字校训是由当时南洋公学校长唐文治提出的。这个校训充分体现了学校的校风、教风和学风。百年来，"南模"培养了为数众多的优秀人才。

当时"南模"聘用的老师大都是高学历、有经验的教师。他们个个学识渊博，经验丰富，特别是高年级教师，不少曾留学国外，获得学士、硕士学位。例如，算术教师聘请南洋大学土木科学士，物理教师聘请交通大学机械科学士，英语教师聘请美国威斯康星大学硕士，法文教师聘请复旦大学文学士，西洋史教师聘请美国哈佛大学政治学硕士，军事教官聘请"中央陆军军官学校"毕业的教师，等等。这样，学校形成了一支高质量的师资队伍。这些教师诲人不倦、爱生如子，学生们孜孜以求，勤奋好学。

在众多教师中，邱大洪印象最深、最敬佩的是名誉校长兼校友会名誉会长赵宪初先生。邱大洪在"南模"读书时,他曾担任邱大洪的班主任并兼任1947届乙班的授课教师。赵宪初学识渊博,精通多门学科,主教数学,素有"三角赵"之美称。

赵宪初19世纪20年代毕业于交通大学,应沈同一校长之邀来"南模"任教,在校从教70余载,桃李遍天下。他一家四代中有近10人从事教育工作,堪称"教育世家"。他在教学中,注重启发引导,培养学生兴趣。他用幽默的上海方言,将枯燥的数学公式慢悠悠地念出来:"x等于2a分之负b正负开方b方减4ac。"开始,同学们哄堂大笑,这是什么呀!比上海滑稽戏还要逗乐,说是唱吧,不成曲调,说是念吧,还拖个长腔。他没有笑,更没有批评大家,依然严肃认真地念下去。念到第二遍时,笑的人少了;第三遍时,有人轻声地跟着他念;第四遍,全班都开口了。众多三角函数公式经他诙谐幽默的讲授非常易于记忆,给邱大洪等学生们留下了深刻的印象。

此外,蒋平阶先生讲授古文语调高朗,绘声绘色,异常生动。讲到王勃《滕王阁序》"落霞与孤鹜齐飞,秋水共长天一色"时,眉飞色舞;念到白居易《长恨歌》中"缓歌慢舞凝丝竹"时,不禁手舞足蹈。蒋平阶经常带领学生吟咏课文,抑扬顿挫,前俯后仰。学生常常情不自禁地跟着他朗读起来。

任象天老师是位青年教师,他能不用规尺仪器做平面几何图形,在黑板上一笔画出一个直径一米的大圆。李白园的生物课又别有一番风趣。俞养和、徐宗骏两位老师的高中物理、化学课都是高水平的,有些内容是当时教科书中找不到的,如原子能和原子弹等新知识。

"南模"的初中教材大多是老师自编的,高中的数理化教材全部采用国外院校的外文原版。这样,进入高中,除了每周原有9个课时英语课程外,又增添了10多个用英语讲授的数理化课时。英语占每周总课时的一半以上,大大增加了学生学习英语的分量,打下了扎实的外语基础,为他们日后学习第二门外语提供了很多方便。20世纪50年代初,邱大洪只自学了几个月的俄语,便能为苏联专家担任波浪理论讲课的翻译,这一切应当说都是来自"南模"打下的坚实基础,使他在学习和应用另一门外语过程中并没有感觉有太大的语言障碍。

向学生们灌输爱国主义思想,使每个学生懂得要做一个有追求、有理想、有抱负、对社会和国家有贡献的人,是"南模"中学人才培养工作的另一个特点。

邱大洪的同学姚善济曾撰文这样写道:"我们的学生时代是战乱年代,帝国主义侵略,反动政府腐败,人民灾难深重,学生没有安静的学习环境,大家忧国忧民。学校老师常结合教学进行爱国主义教育。如黄铁崖、浦漪人老师结合国文、地理课进行教育。"[①]

有了这种教育,爱国主义思想在邱大洪的心中深深扎根。无论在中学和大学阶段,还是走向工作岗位,他始终将国家利益放在首位,从不计较个人得失。在中学、大学求学期间,他积极参加各种爱国运动。大学毕业时,他首先报名

---

① 我和"南模"(第四辑),追求不息,1947届姚善济,第89页。

走进"南模"

到条件艰苦的东北。来到大连工学院任教后,他在这所学校一工作就是几十年,毕生都献给了国家的高等教育事业和科技事业。

在人的一生中,中学是人生立志的关键阶段,从某种意义来说,比大学还重要。邱大洪的中学5年(其中1年由于红楼遭遇火灾需修缮,借交大老南院教学楼上课)的时光都在"南模"的红楼度过的。他的人生理想是从这里起步的,他的许多基础知识是在这所红楼奠定的,他的许多修养和气质也都是在这所红楼里养成的。尽管他的求学阶段处于战乱时期,但他本人有幸接受了当时上海乃至全国最好的中学教育,尤其是遇到了赵宪初等一批名师。科学启蒙,让邱大洪逐步走向了知识殿堂。邱大洪每每回首在"南模"红楼度过的中学时光,总感觉中学阶段是人生旅程的开始,对每个人的前程起着决定性的作用。

## 日语课风波

邱大洪在"南模"读初三时,有一堂日语课,使他在70多年后的今天还记忆犹新,难以忘怀。

1941年珍珠港事件之后,美军与日军宣战。日伪接管上海英法租界后,强迫各中学必读日文。对此,"南模"校方是抵制的。到1943年,邱大洪读初三时,日语课再也推延不下去了。于是,校方就请来了施熙台老先生来教日文。他是沈同一校长的崇明同乡,据说早年留学日本,请他教很浅的识字本,当然是大材小用。他为人随和,授课条理清晰,重点突出,颇受同学们欢迎。他过去任教的班级日语考试成绩基本都在90分以上。

施熙台先生给邱大洪的班级上日语课。由于同学们痛恨日本侵略,抵制奴化教育,一天下午日语课前,预备铃声响后,大家进入教室关上门和外墙百叶窗,一起趴在课桌上。教室内一片漆黑,鸦雀无声。老师进了教室不知究竟,大发雷霆,责令打开窗户,追查是何人的主意,大家默不作声。施熙台只好回头在黑板上写字,继续上课。就在老师在黑板上写字时,下边的同学发出怪叫声,更有甚者往黑板上扔粉笔头。等老师转过身来,同学们就都趴桌子上装睡。老师一回头写字,同学们继续捣乱,根本无法上课。施熙台只好宣布停课追查。

当施熙台发现坐在后排的姚善济时,就说:"姚善济,我曾经当过你父亲(姚鲁生)的老师,你父亲可是个好学生,对老师很尊重,怎么你也和别人一起捉弄老师?"后来,他缓和了语气说:"我们大家仇恨日本帝国主义的心情是可以理解的。但在现在的情况下,设立日语课也是无可奈何的,不然上面便会派日本人来。"又说:"日语也是一门学科,学好了可以多一门知识,同样会有用处的,当然并不是要我们学了日语去当汉奸。"施先生这番话语重心长,对班级同学很有启迪。

无独有偶,施熙台在教比邱大洪高一年级的日语课时,受到了更强烈的抵制。台下声音比台上大,老先生一再提高噪门,拍台捶凳,仍是没有办法阻止他们。施熙台忍无可忍,大声喝道"老夫教了几十年书,从来未碰到你们这样的小八辣子。"说罢拂袖而去。

到1944年,伪教育局派来了两位日本老师到"南模"教日语,一位是西井定雄,另一位是松浦一雄。松浦面目可憎,一口日本话,不讲中国话,"南模"的同学们按"松浦"的日语发音,称他为"袜子无赖"。当年每节课上课前,照例由每个班的班长领呼"起、礼、坐"。课本仍用一年前的老本子,简单无味。后来他改变方法,每堂课只上半节课文,下半节改教唱日文歌。由于无法讲解和弄懂歌词内容,唱歌只是"调和"而已。到1945年抗战胜利,日语课就停课了。

几十年后,邱大洪对当时学习日语课做了这样的反思:当时因为出于爱国热情,憎恨日本人,对学习日语很反感,所以学完了全都忘了,现在一点也不记得了,只记得几个片假名、平假名。其实学好日语也是一门专长,那时候不好好学实在是可惜。如果当时好好学,现在又多了一门外语,可以阅读很多日文科技文献,服务于现在的社会。

# 六个好伙伴

"人无癖不可与交,以其无深情也;人无疵不可与交,以其无真气也。"邱大洪在"南模"六年读书期间,交往密切的同学有五人。他们分别是:徐基乾(邱大洪表哥,徐肇和之子)、金钟超、虞季森、薛沐时、李德昭。

他们都是有追求、有抱负、有着强烈事业心和高度责任感的热血青年,同时,他们也有着高雅的情趣。每逢星期天,

洪流向海　波浪情缘——邱大洪传

他们几位同学常常到虞季森家听古典音乐。20世纪30年代没有什么录音机,连收音机都很少,所以只能用留声机来听。它像个精致的小皮箱,打开箱盖,把黑胶木唱片放在丝绒圆垫上。然后从箱体肚子里掏出一个摇把儿,放进箱壁右边一个洞里,摇上十几圈把发条的劲儿上足,唱片就开始转了起来。这时再从箱肚里掏出一个拐弯的金属管,前端有一个唱头,插上钢制唱针。最后把针尖对准唱片最外圈的唱槽,放下去,立刻声音就发了出来。他们六人比较喜欢的音乐家有贝多芬、柴可夫斯基、莫扎特、舒伯特、德沃夏克、肖邦。听得比较多的是《命运交响曲》《第六交响曲》《柴科夫斯基第一钢琴协奏曲》《未完成交响曲》《自新大陆》等。

邱大洪认为,听古典音乐可以陶冶情操,消除烦恼和疲劳,对人的身心发展非常有益。古典音乐是美的艺术,是对自然、宇宙、生命美的赞叹,是人类心灵深处智慧和人格的流露,它蕴含着人性的柔美和天地的壮阔,喜欢古典音乐就是崇尚智慧的卓越和人格的高尚。直到今天,工作之余,邱大洪还常打开音响听听古典音乐。

邱大洪等六位同学在放学后,还常常到淮海路上的衡山公园小聚一下再回家。他们在一起非常喜欢随便聊天,自由自在,无拘无束。比较多的话题是:今天老师们课上的态度、同学们的回应与课下的评论、学校里发生什么事情、校长与教导主任有什么训话等,大部分都是围绕着学校,有时还谈到上海、社会、国家发生的一些事情。总之,气氛一直很活跃、和谐、生动。

与邱大洪接触比较多,对他影响比较大的是徐基乾("南模"毕业前夕加入中共地下党)。他思想进步,具有强烈的民族意识。在"南模"期间,邱大洪曾多次参加学生爱国运动,尤其是1947年上半年,正是学生运动蓬勃开展,斗争最为激烈的时期。他从不畏惧,经常站在学生运动的第一线。

那年的5月9日,上海54所中学3000余名高中应届毕业生走上街头,举行了上海学生运动史上第一次以中学生为主体的大游行,欢送反会考联合请愿团代表去南京。"南模"1947届同学数十人在校内集合。徐基乾借来一辆带篷大卡车,让这些同学上车一起前往复兴公园,然后加入了游行队伍。

在徐基乾及其他进步学生的直接影响下,邱大洪也积极参加了游行、罢课、上街义卖等进步学生运动。通过参加这些运动,他的爱国主义思想更加浓烈。

时间飞快,转眼间邱大洪等六位同学在"南模"完成了学业,面临着新的选择。他们六人考取了不同的大学。大学毕业后,都在各自不同的岗位上工作。

邱大洪考到当时国立清华大学学习土木工程专业。大学毕业后,来到当时的大连工学院任教,一直到现在。

徐基乾考入上海沪江大学(教会学校)学习化工专业。大学毕业后长期从事核工业工作。"首先,是满腔热血。'挽狂澜于既倒,扶大厦之将倾',同学们激情澎湃。也正是这股力量,使徐基乾同学放弃了富裕的生活,毅然参加了地下党,并在新中国成立后为'两弹一星'事业而献身。"这是徐基乾

洪流向海　波浪情缘——邱大洪传

南模47级毕业典礼于丽都花园
1947年7月12日

徐基松　庾季森　王鉴衡　李德旸　金钟超　邱大洪　曹鑫泉　沈镇国

邱大洪(右三)与好友在丽都花园参加毕业典礼时的合影

的同届校友章熊、李昭熹为在"南模"110年校庆所写《我们与南模》文章中对他的高度评价。

徐基乾在核工业战线兢兢业业、辛勤工作,将自己的毕生精力都贡献给了我国的核工业事业。1987年版的《当代中国丛书——中国的核工业》是这样讲的:"在陈宏毅、杨庸、宋家树、徐基乾等人的组织领导下,通过反复试验研究,确定了浓缩铀的铸造成型工艺,并取得精炼、铸造、坩埚及真空取卡和切削加工等工业数据,建立了分析检验方法,明确了控制杂质含量的原则,这些成果为制造浓缩铀部件打下了技术基础……在热核部件的研究中,要将这种化学性质很活泼的材料制成符合技术要求的部件,必须解决一系列工艺技术问题。工程师宋家树等人从成型工艺、机械加工和防潮涂层等方面展开实验研究,对其中难度较大的成型问题,以几种不同的工艺方法进行试验,经过不到一年的紧张工作,掌握了一套工艺技术,制造成合格的热核部件。"

金钟超1951年9月于清华大学化工系毕业后,长期工作在石油战线,并担任过石油工业部科技司副司长、司长、中纪委驻石油工业部纪检组组长、中国石油天然气总公司副总经理等职务。在石油战线工作期间,他从石油系统科研实际出发,在注重抓科技队伍建设的同时,先后与中科院、国内一批著名大学等部门建立科研协作关系,有力地促进了石油科技工作的发展和进步。在"六五"期间,他大力支持油气资源评价、稠油热采、快速钻井等项目的攻关,还组织了"七五"期间12项大的配套技术攻关,建立了科研网络。金钟超为继承和弘扬大庆精神、"铁人"精神,培育新时期的"铁人"式的职工

洪流向海　波浪情缘——邱大洪传

队伍,为推进陆上石油工业的二次创业,做出了积极贡献。

虞季森1952年从上海交通大学土木系毕业后,曾经到混凝土预制厂钢筋车间当工人、技术员。在这个厂建立起混凝土车间预应力大型屋面板的生产工艺、混凝土台座预应力空心板的生产工艺。1978年至退休一直在东南大学建筑学院任教。他曾用两年半时间,编写出版了《中、大跨建筑结构》和《建筑力学》两本教材。

薛沐时1951年于上海交通大学毕业后被分配至同济大学当助教,以后长期工作在铁路战线。他曾担任过上海铁路局调度员、铁路局科委规划组组长、上海铁路局副总工程师等。

李德昭毕业后考入上海建设纺织学院,学习纺织专业。毕业后一直在纺织战线为新中国建设贡献力量。

如今徐基乾、金钟超、李德昭、薛沐时都已经成为"南模"人永远怀念的校友了。他们虽然离开了"南模"、离开了我们,但他们的光荣历史将永远载入"南模"的史册。

## 告别"南模"

经过六年的学习,邱大洪以优异的成绩毕业。"南模"的教育对于邱大洪一生来说,获益匪浅,极为重要。六年的学习,为他奠定了扎实的学业基础,良好的思想道德观,使他终身难忘。

上海市私立南洋模范中学高中学生成绩表

洪流向海　波浪情缘——邱大洪传

与李昭熹(右一)等在上海市南洋模范中学合影(摄于2015年4月13日)

  关于邱大洪的学习情况，他的同学李昭熹有过这样的评价："我和邱大洪是同年级，不在同班，我只知道他念书念得很好。我们年级邱大洪排第6，班级第3，中学基础学得好。'南模'是一所私立学校，当时两个班级100多人。"[①]

---

  ① 李昭熹访谈录，2015年4月13日，上海。资料存于北京理工大学"老科学家学术成长资料采集工程馆藏基地"。

## 走进"南模"

每当学生离别"南模"的时候，按照学校的惯例，毕业生都要照毕业照。60年后，邱大洪的同窗朱永睹[①]，对这次的拍照记忆犹新，他回忆道：

"60年前的丁亥年，我们1947届从南模高中毕业了。一个甲子过去，今年又是丁亥年，我们将回到母校团聚，欢庆毕业60周年，这是1947届的一件盛事。"

"那年一个夏日的傍晚，全体1947届毕业生专程来到学校和老师们一起拍集体毕业纪念照，地点在红楼西边小操场。照片以红楼为背景，当时夕阳西下，天气甚热，校长、老师们前排中间就座，女同学站前排，男同学靠后，男同学都穿短袖白衬衫和浅色长裤。记得我站在最后一排靠近中间的位置。"

"南模"1947届的毕业典礼在当时上海的丽都花园举行，庄严隆重，环境幽雅，气氛热烈。同学们怀着依依惜别的心情，在纪念册上留下了深情的临别赠言，珍贵的手迹成为日后常年的记忆。

告别"南模"，邱大洪立刻进入紧张的高考。这年初夏，邱大洪报考了七所大学。它们分别是上海的交通大学、圣约翰大学（教会学校）、沪江大学（教会学校）、杭州的之江大学（教会学校）、北京的国立清华大学、南京的中央大学，还有暨南大学。张榜公布时，7所大学全都录取了。谈到报考的科目时，邱大洪是这样回忆的："反正高中课程都学过了，也不

---

[①] 朱永睹，核化学化工专家。1929年生于上海，原籍安徽泾县。1947届毕业于上海市南洋模范中学。1978年晋升为教授，1995年当选为中国工程院院士。

## 洪流向海　波浪情缘——邱大洪传

南洋模范中学高中毕业生名单（1947届）

42

走进"南模"

上海市私立南洋模范中学1947届高中毕业生毕业照

### 洪流向海　波浪情缘——邱大洪传

需要再特别准备,考多少学校都是一样考,只要时间不冲突就行。语文、英语、物理、化学肯定都是考的,还有地理、历史。清华在上海有考场,之江大学、中央大学在上海没有考场,需要到杭州和南京去考。"①

经过权衡,邱大洪最终选择了清华大学土木工程系。当谈起他的选择时,他说:"我父亲中学学的大都是工科课程,比较注重数理化的学习,在这个背景下考大学首选上海交通大学。我父亲在上海交通大学时学的是铁路管理,后来毕业后跟几个亲戚开厂。我中学在上海私立南洋模范中学读书,是上海的名牌中学。当时在上海,社会上提起的有名的中学有两个,一个叫江苏省上海中学,简称省上中;还有一个私立的,就是上海私立南洋模范中学。"②当谈到他选择清华大学土木工程系的原因时,他说:一是当时社会上有一种流传说法——"土木工程是工程之母";二是清华大学的土木工程系包罗万象,例如房屋建筑、水利工程、市政工程、道路与铁路工程,这些课都开设。他说读到最后一年,四年级上课时才分出几个专门的部分,才对某一方面再强化。那时候邱大洪主要学的是房屋建筑、结构方面。

邱大洪当年高考时,整个"南模"高考的考生是:甲、乙两个班加上女生部,总共186人,考取上海交通大学的有31人,

---

① 邱大洪访谈录,2015年3月20日,大连。资料存于北京理工大学"老科学家学术成长资料采集工程馆藏基地"。

② 邱大洪访谈录,2014年11月19日,大连。资料存于北京理工大学"老科学家学术成长资料采集工程馆藏基地"。

考取清华大学的有 22 人（后来又转学过去 1 人），两校合计达 54 人。清华大学 90 年校庆时曾对当年高考情况做过统计，整个上海考区考取清华大学的共 34 名，而"南模"中学就考取了 22 人，所占比例为 64.7％。这个数据超过了当年与"南模"齐名的省立上海中学。

如果说，1947 届的毕业生高考成绩给"南模"带来的荣誉只是序幕的话，那么 60 年后他们重新相聚，一些学子的壮丽人生则将"南模"的荣誉推向了高潮。

邱大洪的同窗姚善济曾这样自豪地概括了这些人的辉煌人生：

"弹指飞舞一瞬间，毕业离校六十载，当年莘莘小学子，如今步入耄耋年。

别后各自奔西东，不负母校恩师情，创建伟绩做贡献，处处比比是精英。

两任地下党支书[注1、注2]，空军少将李瑞迁，中宣部长徐惟诚[注3]，省委书记徐乐义。

全国劳模顾诵芬，省市劳模张邵徐，顾吴朱邱五院士（顾诵芬是双院士），知名学者厉以宁。

建筑大师卢伟民，医学专家陈和曾，范毛徐李戚王陈，突出贡献在科技。

博导胡曹及许叶，书法名家有章李，京剧名角夏邦琦，音乐大师诸信恩。

还有海外两侨领，就是单声道良慧，众多教授经济师，默默无闻做奉献。

## 洪流向海　波浪情缘——邱大洪传

济济一堂会沪城,返回母校谢师恩,回首往事记犹新,展望未来乐满怀。"①

### 附注:

1. 夏培根:1946年任"南模"地下党第二任支书,离休前在北京中直机关任局长。

2. 陈启懋:1946年任"南模"地下党第四任支书,离休前在上海国际问题研究所任所长。

3. 徐惟诚:"南模"地下党员,曾任中国新民主主义青年团中央候补书记,上海《解放日报》和《北京日报》总编,北京市委宣传部部长、市委副书记,中共中央宣传部常务副部长。

4. 省市劳模张邵徐:张增楷,上海市劳动模范、优秀科技工作者和五一劳动奖章获得者;邵曼衍,山东省劳动模范;徐千里,安徽芜湖市劳动模范。

5. 顾吴朱邱五院士:顾诵芬,中国科学院院士、中国工程院院士,全国劳动模范,五一劳动奖章获得者,飞机空气动力学家,歼8型飞机总设计师;吴承康,中科院院士,气体动力学家;朱永睿,中国工程院院士,核化学化工专家;邱大洪,中科院院士,海岸和近海工程专家。

---

① 南洋模范中学1947届毕业六十周年纪念集,《"南模"47"精英"多——毕业六十年聚会怀感》,姚善济。

水木清华

## 求学清华园

　　1947年9月，邱大洪考入当时国立清华大学土木工程系，他告别父母，来到位于北平（今北京）西郊的清华园。那时正处于内战时期，从上海到北平的京沪铁路不通，邱大洪从上海乘锡麟号船到天津，再坐火车到北平。他记忆最深刻的是，当他们被大卡车接到清华园时，大礼堂里正在上演学生自编自导的讽刺国民党政府贪污腐败的话剧。

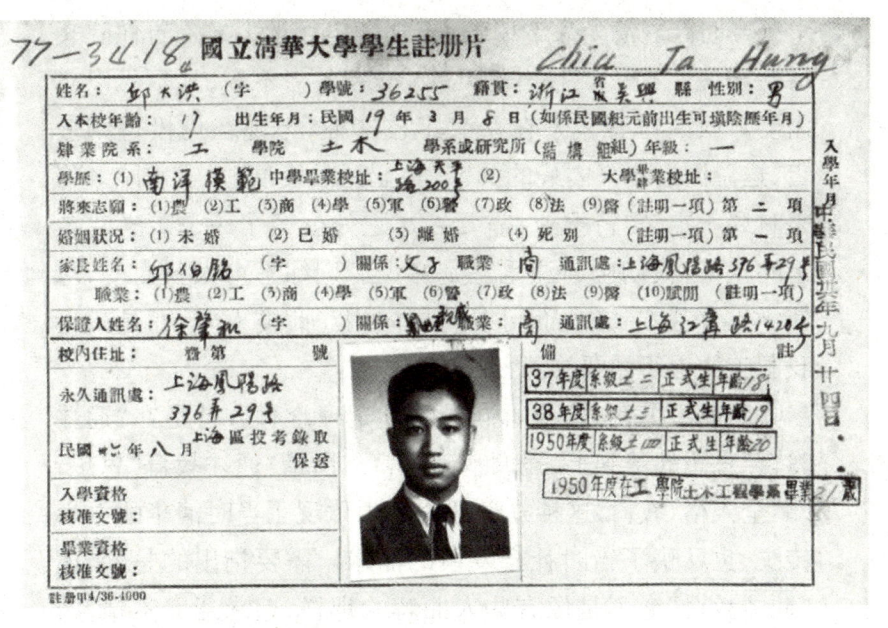

国立清华大学入学学籍卡

## 洪流向海　波浪情缘——邱大洪传

邱大洪报考的土木工程系是清华大学历史最悠久的系科之一。早在1916年,清华学校(清华大学前身)即开始招收土木工程学科的留美专科生。1925年清华学校建立大学部,1926年学校成立工程系,含土木、机械、电子三科,由此正式揭开土木工程系的历史。1928年,清华学校更名为"国立清华大学",设文、理、法、工四个学院,16个系,其中就有土木工程系。

1932年,清华大学创建了工学院,它是由原有土木工程系的基础上增设电机、机械两系一并组成的。从时间上看,它晚于19世纪末创办的北洋大学堂(天津大学前身)和南洋公学(上海交通大学前身)。

当时国立清华大学校长、国立清华大学工学院首任院长梅贻琦说:"国内工校有好几个,惟完备者不多,且不足以应需要。虽说曾有多人在某某工校毕业,但现在仍投置闲散者,这总因近年来内战的关系,实业无从发展,遂少出路。将来时局一定,实行振业,需要人才之处就多了……工学院各系的政策,我们应当注重基本知识。训练不可太狭太专,应使学生有基本技能,而可以随机应用。此类人才,亦是最近我国工业界所需要的。"[①]

由此可见,梅贻琦所倡导的办学理念和方针是在"通才教育"思想的基础上,强调基础教育。所谓"通才教育"思想,即"全人格"教育,这种办学理念集中体现了当时清华的办学传统,也反映了当时社会发展的需求。需要指出的是,所谓"通才教育"绝不是像有些人曲解的那样,追求通而不精,所

---

① 梅贻琦.关于组建工学院为题.国立清华大学校刊,1932,379.

谓的万金油式的人才。对于这一点,梅贻琦曾特别强调过:"有句俗语是'样样通样样松',请大家注意,要通不要松。"要想达到通而不松的标准,必须在通和精二者之间寻求统一。

正如张其琨所说:"我实际在清华只读了两年半的书(1949年入学),基础课大部分都学了,学得还比较扎实,也学习到一套严谨的治学方法,这使我一生受益匪浅。我离开学校后,从事过很多不同专业的工作,大体涉及文艺、青年工作、工业管理、城市规划,下放时还从事过农业科学实验,以后就专门从事市政建设、城市规划、计算机应用、遥感等工作。如果不是当年学得扎实,要适应那么多种领域,而且还要做得好,那是很难想象的。清华的学风就是求实,脚踏实地地干,自强不息地拼搏。党的教育是'干一行、学一行、爱一行'。两者结合起来,就成了我工作的座右铭。"[1]

当时土木工程系下设结构工程组、铁路及道路工程组、水利工程组及市政工程组。这样的学科布局,完全是从当时国内工业建设迫切需要的角度出发的,它完全立足于当时实际的办学需求。那几年"国内建设猛进,各省市纷纷修公路,陇海路延长,粤汉路兴筑,加以各处修水利,如治黄问题、导淮问题、灌溉问题等"[2]。土木工程系的创办,完全是为了满足上述需求,因此其专业划分便定位在"路"和"水"这两个大方向上,下设的铁路及道路工程组、水利工程组及市政工程组,主要服务于交通工程、水利与市政工程。

---

[1] 回眸——清华大学土木系五零五一两届校友走上社会五十周年纪念册,第43页。
[2] 清华大学档案馆,1937年,编号002。

谈到土木工程系的办学理念,自然离不开教授群体。当时土木工程系主任是陶葆楷,教授有12人。

当时土木工程系的教授群体大体可分为两种类型:一类是曾在国内其他大学任教(如吴柳生、李庆海等),或曾是企业的工程师(王裕光、李谟炽等);另一类是从海外学成归国。他们都有就读名牌大学的经历,在来清华大学之前,在学术上和实践中都做过很多有价值的工作。例如,陶葆楷于1935年编写了我国最早的《给水工程学》中文教材,其中收集了我国人工凿井法、井水提升法和井管保护设施等,在结合中国实际方面前进了一大步。他还编写了《卫生工程名词草案》一书,在给排水工程中通用的很多中文名词,有不少是陶葆楷当时提出来的。为对我国卫生工程情况有更多了解,陶葆楷于1936年到南京卫生署任高级工程师职务半年。在此期间,他花费了大量时间在江宁县进行农村环境卫生的调查研究及实践工作,其工作成果引起了美国洛氏基金会的注意并得到了赞赏。1937年,他因此被邀请出席了在爪哇举行的远东国家农村卫生会议,并编写了中国报告中的环境卫生部分。1937—1938年,他还兼任一年卫生署公共卫生训练所卫生工程研究班的教务主任职务,坚持为我国的卫生工程事业培养人才。王龙甫曾在湖南大学、中山大学、交通大学等几所大学任教授。

这样的教授群体既可以在以往国内工科教育发展的基础上博采众家之长,又可以立足于工科的学术和实际前沿。

当时土木工程系课程总体上是按照下述原则设计的:一年级课程大致为自然科学、国文、外语和经济学简要;二年级课程多为一般工程学的基本训练,如测量学、工程制图、材料力学等;三年级开始接触本学科专业的一般科目,如给水工程、铁路及道路工程等;四年级则进一步将学生按上述不同专业方向分组,进行更有针对性的专业教育。

当时清华大学的一位名教授施嘉炀就土木工程系课程的设计曾讲过这样一段话,"训练专业人才有两种政策:一种是广阔政策,即使学术的各种科目,均有相当训练,将来无论在土木工程哪一门上做事,均能做有把握的处置;另一种是在各种科目中,只研究一种,求专精一门,使其对该学问有特别的成就。这两种政策各有利弊。本校土木工程系,则折中此二者:各门基础课都有;同时在最后一年设有高深课程,使学生能专精一门。换言之,即头三年务求广阔,期使学生多了解工程的性质与门径;最后一年力求精细,学生可以各就性能之所近,深造某一类,期成专门人才。"[1]对于工科学生培养的目标,梅贻琦曾提出过这样的标准:他们(工科学生)对"政治、经济、历史、地理、社会都得知道一点",否则,他只能做一个"高等匠人"而不配被称为大学生——"大学生应该有极完美的常识"。[2]

邱大洪考上了一流学府,选择了喜欢的专业,再加上土木工程系名师云集,使得邱大洪在这所大学里充满热情和期待。许多名师精湛的讲课艺术给邱大洪留下了深刻的印象,下面列出几位。

---

[1] 施嘉炀. 清华大学史料选编[M]. 北京:清华大学出版社,1991:467-470.
[2] 清华大学校史编写组. 清华大学校史稿[M]. 北京:中华书局,1981:116-117.

### 洪流向海　波浪情缘——邱大洪传

李庆海(1910—1986),直隶深泽人。1934年毕业于交通大学唐山工程学院(今西南交通大学)土木系。1941年获美国康奈尔大学哲学博士学位。曾任西南联合大学教授。1946年后,曾在清华大学、武汉大学、武汉测绘学院、武汉测绘科技大学任教,曾任湖北省测绘学会第三届副理事长。

给邱大洪讲测量课的先是李庆海教授(测量壹),后来是储钟瑞教授(测量贰)。李庆海刚从美国回国,他讲测量课时,将新的英文教材翻译成中文讲义。在翻译过程中,他逐句细读、逐字推敲,吃透每一个知识点和原文的结构和内涵,对基本概念深刻理解后,才做翻译。老师的这种刻苦钻研、严谨务实的科学精神使邱大洪深受感动,也激发了他学习测量课的热情和兴趣。因此,邱大洪的考试成绩非常好,测量壹课程的成绩是91分,测量贰课程的成绩是93分。

张维(1913—2001),北京市人,中国著名力学家,结构力学和工程教育专家,中国科学院和中国工程院院士。1929年就读于交通大学唐山工程学院土木工程系。在伦敦帝国理工学院获工学硕士学位,在德国柏林高工(柏林工业大学)获工学博士学位。1944年在国际上首次求得环壳在旋转对称载荷下的应力状态的渐近解。1955年被聘为中国科学院院士(学部委员),1983年创办深圳大学。1994年当选中国工程院首批院士。他曾任清华大学教务长、副校长、清华大学校务委员会名誉副主任,深圳大学首任校长。

可以说张维是邱大洪材料力学的启蒙老师,因为邱大洪过去根本没有接触过材料力学方面的知识。张维讲课的特点是循循善诱、由浅入深。同学们对材料力学有不明白的地方,他会耐心地、有步骤地引导学生尝试自己动脑思考,逐步学会使用正确的思维方式,从而尽快地掌握这门课的基础知识。

张维在上课时,常常用中文夹杂着英文讲,一些专业名词就用英文,这对提高邱大洪的英语听力也十分有好处。他教的很多英文术语,邱大洪至今还记得不少。由此看来,在学专业时,把学习英语结合起来,是很好的教学方法,这使邱大洪得益甚多。

在学习这门课程时,邱大洪认真听讲,常常用英文记笔记。临考试前,他将自己整理的英文笔记重新复习了几遍,便参加考试,成绩为89分。

马约翰(1882—1966),18岁时到上海读中学,22岁考入圣约翰大学预科,两年后升入本科。1919年、1925年两次赴美国春田学院进修体育,是我国著名的体育家,在体育理论、体育教学、运动训练等方面有深入而独到的研究。

马约翰是中国第一位体育教授。一位体育老师能得到邱大洪和许多清华学子的爱戴和崇敬,足以证明其教学有过人之处。他不仅教体育知识,还经常用英语讲"How to bath?"(如何洗澡),"How to sleep?"(如何睡觉)。他朝气蓬勃、充满活力,常常在课堂上伸胳膊、秀肌肉,还说运动能使血液加快流动,让红血球把氧输送到身体各处,并用英语大声呼叫"red blood cell,red blood cell"(红细胞)。他讲课时,利用幽默的语言调节课堂气氛,解决教学难点,促进师生情感交流。但更重要的是马约翰通过体育课培养学生健全的性格和毅力。邱大洪记得有一次在体育馆上游泳课,天气很冷,游泳池中的水也非常凉,同学们都不敢下水。于是他把

洪流向海　波浪情缘——邱大洪传

同学们一个一个地推下水,还双臂高举,嘴里大声用英语喊着"young man! courage! courage!"("年轻人!勇敢些!勇敢些!"),他那生气勃勃的身影,邱大洪至今还历历在目。

　　处于清华大学优良的学习环境中,加上自己的天资聪颖,刻苦努力,邱大洪各科学习成绩始终名列前茅。水利工程专家张光斗教授的课给邱大洪留下了很深刻的印象。张光斗从美国考察回国时,带回了一部美国田纳西流域规划局摄制的彩色电影,片名叫《大苦力坝的施工建设》,让同学们看到了水利工程的伟大,它可以改变山河,兴利除害,造福人民。张光斗讲结构学贰课程时,凭借着其渊博的学识和丰富的工程经验,吸引了许多同学争相选学他所讲的课程。课堂上张光斗展示了许多水电站施工的图片。他讲大坝施工结合实际,讲怎样解决工程实际问题的生动事例。这些精彩的知识在书本上和资料上根本查不到,只能靠认真做笔记。邱大洪记的笔记工整、简洁,毫不夸张地说,完全可以作为讲义存档。邱大洪结构学贰课程考试成绩是92分,水力发电工程课程考试成绩是90分。

　　"清华大学1950年度第一学期应届毕业生成绩表"中记载了邱大洪在校的各门课程的成绩,各个学年的平均成绩分别是:第一学年(1947年度)84.49分;第二学年(1948年度)87.60分;第三学年(1949年度)86.69分;第四学年(1950年度)83.41分。结构学是最难学的课程,他学得也很好,结构学壹是92分,结构学贰是82分,结构学叁是91分。

　　几十年后,邱大洪说:"我在清华大学土木工程系,接受和掌握了工程师所需要的基本知识和基本训练。考进清华不容易,大家学习都努力,不努力不行啊。因为,大学的教学方法决定了,学习的成绩如何,主要看自己的努力程度。"[1]

## 参加开国大典

在功课之外,邱大洪是一个对人热情、乐于助人的人。新中国成立前,学校只提供食堂和厨房等场所,食堂有各种团体办的伙食团,学生们可以自由选择在哪个伙食团包伙,这些伙食团有些是由不同的学生团体办的。当时,邱大洪和其他同学一起开办了一个伙食团,有时需要一清早亲自摸黑和厨师一起坐马车去城里买菜、买粮,挑选新鲜的价格低的食材。他们办伙食团的宗旨是为同学们提供便利,食堂的一日三餐,全部以便利同学为根本出发点。他们办的伙食团由于饭菜口味好,价格实惠,同学们都愿意来入伙。

邱大洪非常喜欢音乐。一年级时,按学校的安排,他们的宿舍是善斋,旁边是化学楼。化学楼边上有个音乐堂,里面教钢琴。他曾到那里学了 8 个月钢琴,教师是斯特拉夫斯基夫人(苏联人)。邱大洪最喜欢的体育活动是溜冰,冬季期末考试前,为放松紧张的情绪,他都在考试的头天晚上,到学校工事厅旁的湖里去溜冰,那个湖就是朱自清《荷塘月色》中所描写的湖。

除此之外,他还担任学生自治会的干事,课余时间常为

---

[1] 张天来,孙懋德,王丽丽.院士的足迹.大连:大连理工大学出版社,2004.

### 洪流向海　波浪情缘——邱大洪传

同学们做事情。1949年初,古老的北平获得解放,邱大洪在学校的组织下,参加宣传工作团,跟随解放军到城里去做宣传。在近两个月的时间里,他一个人被分配到当时北平城里北新桥邮局,去宣传共产党的方针政策。老工人们声泪俱下地控诉旧社会,深深地触动了邱大洪的心灵,许多革命道理也深深地在他的头脑里扎下了根。

还有一件事值得一提。1949年上半年,为配合中国人民解放军南下进军,清华校园内掀起了一股参加南下工作团、随解放军南下的热潮,绝大部分学生都报名参加南下工作团,邱大洪也怀着热情,准备报名参加。但当时学校认为工学院的学生将来要参加新中国的建设,没有同意工学院的学生报名参加南下工作团。

邱大洪在清华大学宿舍善斋楼

在清华大学学习生活的邱大洪处处能感受到浓郁的进步氛围和强大的进步力量,他自己的思想也在不断进步。在周围同学们的帮助下,他积极靠近组织,希望自己能成为一名青年团员。1949年9月30日,清华大学土木工程系第三团支部通过准予邱大洪加入中国新民主主义青年团(共青团的前身)的决定。该支部的意见如下:

"邱同学历史清白,工作非常积极,在坚定为人民服务的立场上有显著的进步,愿意为新中国的建设积极奋斗(更愿积极努力争取做共产党员),热爱党团,虽然在工作中表现有单纯的事务观点,很少想问题,了解不深刻,以及群众路线作用、劳动观点注意得不够,阶级立场还很模糊,但对这样一个同学,支部同志一致通过准予入团。"[1]

邱大洪的入团介绍人胡世德对他评价如下:

"解放前和现在的邱大洪是有着积极显著区别的,他是我们班上进步最快的人之一。他的进步表现在:一是对党和革命的态度从漠不关心到完全拥护;二是对工作态度从逃避到非常积极。"[2]

加入青年团的第二天,邱大洪便参加了让他终身难忘的国庆大典。邱大洪与同学们清晨三点钟就起床了,由清华园火车站坐火车到西直门下车,然后徒步来到天安门广场,参加开国大典。

---

[1][2] 大连理工大学档案馆《团员登记表》。

# 洪流向海 波浪情缘——邱大洪传

邱大洪入团志愿书

下午三点钟,毛主席在天安门城楼上宣布:"中华人民共和国中央人民政府成立了!中国人民从此站起来了!"这个庄严的时刻深深地印在他的脑海之中。党领导的事业和新中国的成立,成为他为之奋斗一生、奉献一辈子的动力。

这样,在邱大洪的成长过程中,在清华大学学习的4年中,在人生道路的选择上,他树立了一个积极向上、跟着共产党干革命、建设新中国的远大志向。

## 野外测量实践

清华大学非常重视社会实践,注重学生实际能力的提高。邱大洪在校学习期间,曾参加过土木工程系组织的两次野外实地测量。他的老师张泽熙对于测量有着高度的认识,他说测量是土木工程系的看家本领。

邱大洪的第一次测量实习时间是1949年暑假,时间约40天。测量地区属东北水利总局管辖,从东陵浑河闸开始的沈阳水田灌溉区,包括总干渠22千米,南干渠30千米,北干渠25千米,新干渠31千米,流域面积260平方千米。具体范围是所有水田至旱田外300米以内。

此次测量实习在学校已经做了明确分工,测量大队由李庆海担任大队长,余常昭、刘元鹤做助手。大队共分三个分队,各分队设有导线组、水准组、地形组三个组。导线组是开路先锋;导线组和水准组测量的是地形控制的骨架;地形组测绘地形图,是测量的最后成果,直接代表工作成绩。因此,

## 洪流向海　波浪情缘——邱大洪传

参加测量实习（右二为邱大洪）

三个组的工作要相互配合，每个组都很重要。周维垣任第一分队队长，邱大洪被分配在第一分队。

测量实习大队全部成员均乘火车从北京出发，经山海关转车到沈阳。在沿途中，邱大洪和他的同学们见到的是东北广大的农村，辽阔的大平原。那时东北已经成为"老解放区"，这里的人衣着朴素，闲人极少，都在努力发展生产，支援全中国的解放。

测量实习大队成员在沈阳站下车后，在东北水利局大院内临时住下。同学们将自己的行李铺在水利局二楼大礼堂地上便入睡了。这个礼堂是一栋日式的房子，天花板不高，墙上贴着花式墙纸。

在沈阳市内休息一天半后，测量实习大队便来到塔湾。塔湾在新开河北岸，是测量实习大队沿着新开河测量的第一个驻地。在这里，邱大洪与他的老师和同学们受到了沈阳农学院(现沈阳农业大学)师生的欢迎。沈阳农学院位于北郊浑河灌区引水干渠(叫作新干河)北面的土丘上，因为放暑假，许多校舍都空着，测量实习大队借住在那里，作为测量实习的第一个住宿点。第二个住宿点在沈阳市北郊靠东陵西南侧一个大村庄里。第三个住宿点在沈阳西北郊一个叫马三家子(或马家窝棚)的村庄。

测量实习大队到达第一个驻地时，李庆海就将测量任务布置得清清楚楚。测量要求是测出稻田面积，用以核算水量够不够。工作方法是用小三角网控制，再用视距跑导线，测水准，最后据此绘地形图。测出水位、受水面积、荒水田面积、干渠支渠、地形、地物、道路、桥梁、村庄等。

邱大洪和他的老师、同学们的实习地点是沿灌溉区流动的，大多数是野外作业。当时，野外遍地青纱帐，大家要在青纱帐里钻进钻出。天晴时酷热难耐，下雨时泥泞难行。庄稼太高，看不到标杆标尺，就将它接得高高的。工作条件虽然艰苦，但大家不怕累和苦，想方设法克服困难一直坚持着，没有一个同学掉队。

野外测量，中午吃饭是一个难题。每天，邱大洪和他的老师、同学们都要到离驻地十里远的地方测量。中午回驻地吃饭,来回路途太远,实在是不方便。同学们采取带饭的办法。每人一个饭团,中间夹几片咸菜。开始因生活经验不足,所带饭团到中午时已经馊了。同学们工作很辛苦,中午吃不好饭,饥饿难耐,大家不免有些意见。怎么办呢?大家想办法。经过集思广益,采取了在野外提前吃午饭、适当改善晚餐伙食的办法来解决。

后来,在第三个住宿点驻点时,测绘当时沈阳铁路局准备在马三家子建设的一个驼峰调车场场址的地形图。测量实习大队早出晚归,一天工作十多个小时。原来要求完成三等水准测量,结果在最后闭合导线时,误差小得出乎意料,达到一等水准测量精度。李庆海十分高兴,赞扬大家工作努力认真。此次测量实习还得到当地政府的表扬。

邱大洪的第二次测量实习是1950年到郑州,沿铁路线从黄河岸边到郑州,测量沿线所有涵洞的尺寸。邱大洪和他的同学们背着行李,沿着铁路走,一个一个涵洞去量,量涵洞的尺寸、位置。背包里是他们晚上睡觉的行李、测量工具和一些日常生活用品。每天测量完后,到了晚上,就在车站的站台上打开行李露天睡觉。第二天早上起来,打包好行李拿上测量工具再走。就这样,一直步行沿铁路线测量到郑州。

在测量期间,邱大洪和他的同学们还遇到了一件有惊无险的事情。有一天早上起来后,他们发现在车站站台上宿营地的四周全是狼的爪印。他们看了后非常害怕,大家议论说,如果睡熟了,稀里糊涂让狼群吃掉了都不知是怎么死的。周围的老乡闻讯赶来,告诉他们不要害怕,经常会遇到这种现象,每逢这个季节狼群都要迁移。其实,狼群并不十分可怕,你们不去惹它们,它们不会攻击你们。最可怕的是孤狼,它是出来觅食的。敢于单行的孤狼,从来都是最狡诈坚韧、最血腥残暴的,甚至为了一点食物可以连续追击到很远的地方,有一股子不达目的誓不罢休的劲头。它也不易被捕获,更不可能轻易被驱逐。老乡的话打消了他们的顾虑,他们继续前行进行实地测量。

四年级的生产实习是去郑州火车站为枢纽站施工提供测量图纸。最后的毕业实习是从郑州到邯郸沿着京广铁路线测量铁路桥梁,每座铁路桥梁有几个桥孔、桥墩,测量后画好图。因为战乱,原有的资料已全部丢失,这次测量的图纸资料是以后铁路抢修时使用的,林皋、邱大洪、夏靖华三人一组沿线跋涉,测量了半个月圆满地完成了任务。这两次为铁路建设服务的实习,使邱大洪的独立工作能力得到了很好的锻炼。

两次测量实习给邱大洪最深刻的感受是:我不再是一个学生了,我已经学会了一些为人民服务的本领,今后一定要好好干。

几十年后,邱大洪对这两次测量实习做过如下自述:"中华人民共和国成立时还在清华念书的我,在1949年去沈阳参加马三家子驼峰调车场测量和1950年去郑州铁路局的两次实习中,耳闻目睹国家万象更新、百废待举的景象,感受真切,热切地希望投身到蓬勃的经济建设中去。"[1]

---

[1] 张玉台.中国科学院院士自述.上海:上海教育出版社,1996:85.

洪流向海　波浪情缘——邱大洪传

## 聆听朱德总司令的报告

邱大洪在清华大学度过了四年大学生活。这四年是极不平凡的四年,在这段时间里,邱大洪经历了中国大地翻天覆地的变化,耳闻目睹了激烈的社会动荡,也见证了中华人民共和国的诞生。

1947年的秋天,刚刚走进清华大学的邱大洪还是一个生活阅历比较浅,缺少政治知识,对人生前途比较困惑的小伙子。四年后,他的知识、思想、生活态度都发生了巨大变化。他学习了扎实的土木工程方面的专业知识,明确了人生的奋斗目标并选择了正确的人生道路。

1951年夏,邱大洪马上就要毕业了。他是国家第一届统一分配的大学生,上一届的大学生全部自己找工作。为做好这届毕业生的统一分配工作,北京市为全市的大学毕业生在北京城里专门办了一个学习班,进行统一分配教育。

在学习班学习时,传来一个振奋人心的消息,朱德总司令要来给全体应届毕业生做报告。一位身经百战、功勋卓著的人民军队总司令,对即将走出校门的大学生如此关怀,成百上千的毕业生都感到万分激动和自豪。这一喜讯,像一股热流,使每一个毕业生都由衷地感受到了党对他们的关怀和温暖。

报告当天,上千名毕业生很早就来到了一个大广场,邱大洪有幸聆听了朱德总司令的报告。朱德总司令一上台,就传来了雷鸣般的掌声。报告开始,台下鸦雀无声,每个学生都心情迫切地、全神贯注地聆听着朱德总司令的每一句话、每一个字,从中吸取丰富的思想营养。

朱德总司令带着军人特有的豪爽气概,亲切地侃侃而谈,从国际形势、中国革命的胜利谈到我们所肩负的历史任务;从祖国的建设谈到知识分子应如何树立全心全意为人民服务的世界观、人生观;从党和国家的需要谈到知识分子应如何与工农结合,使自己成长为祖国需要的建设人才。朱德总司令亲切热情的教导对每个毕业生面临的选择有着重大的指导作用,也成为他们永远受用的精神财富。

在学习班上,还有两位中央领导同志给同学们做报告。一位是当时的中央组织部部长安子文,他给大家讲了新中国建设需要各种有文化、有知识、有技术的人才。以前大学生毕业后,要自己到社会上去寻找职业,现在新中国成立了,国家将根据各人所学,将他们分配到祖国需要的岗位上,希望大家都能服从分配,愉快地走上自己的工作岗位。另一位是当时的团中央书记冯文彬,他鼓励青年学生都要高高兴兴地奔赴祖国需要的工作岗位,用年轻人炽烈的热情,为建设祖国而努力奋斗。

在学习班结束时,有几位参加学习班的应届毕业生上台发言,讲他们在学习中受到的教育和心得。邱大洪至今还记得一位女同学的发言,她好像是辅仁大学(也可能是燕京大学)的毕业生,学习文学艺术的。她说,她原来有一个浪漫想法,幻想着毕业后独自一人去一个大森林中弹琴,在大自然中倾听悠扬的音乐。经过学习,看到祖国需要建设的灿烂明天,她彻底抛弃了这种小资产阶级的想法。

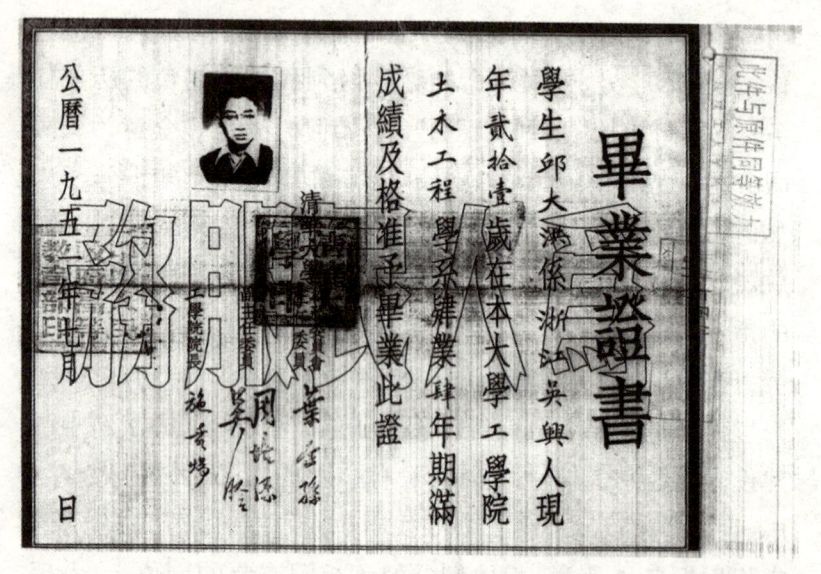

清华大学毕业证书

参加学习班回校不久,鉴于邱大洪学习成绩优秀,各方面表现突出,系主任亲自找他谈话,让他留校任助教。邱大洪表示希望到艰苦的地方去,到东北建设的第一线,到祖国最需要的地方去。在填写毕业分配表时,就郑重写下了毕业动向:东北。

回顾毕业前夕的经历,邱大洪感慨万千。他曾做过这样的回顾:

大学毕业前期,在朱老总和安子文、冯文彬等同志为全北京市应届毕业生所做报告的感召下,我放弃了留校任教的机会,要求到工业建设第一线去,到东北去。组织上把我分配到新中国成立前夕我党亲手创办的大连工学院(现名大连理工大学)任教,从此,我就把我的一生都献给了高等教育事业和科技事业。[1]

---

[1] 周美鑫.科学家寄语下一代.大连:大连出版社,2002:403.

# 初到大连工学院

初到大连工学院

## 翻译与助教

　　1951年7月,21岁的邱大洪从清华大学毕业后,响应党的号召,被分配到大连工学院(现大连理工大学)土木工程系工作,任助教。

　　大连工学院的前身是1949年4月建校的大连大学工学院。1950年7月,大连大学建制撤销,大连大学工学院独立为大连工学院。1988年3月更名为大连理工大学。当时,党中央号召全国都要"向苏联学习",邱大洪来到大连工学院后,印象非常深的一件事就是学校办俄语速成班。全校有不少教员响应学校的号召,经过不断努力,初步掌握了向苏联学习的工具——俄语。邱大洪也是这些教员中的一员。邱大洪小学三年级从上海一所教会学校开始学英语,到南洋模范中学时,所学的物理、化学教材都是英文版的。中小学的教育给他打下了非常好的基础。到大学后,所学的外语又是英语。这样的学习使他较好地掌握了英语的听、读、写、译等基本功。

　　"学俄语应该利用可以利用的一切条件",这是当时大连工学院学习俄语普遍推广的方法。邱大洪正是利用了自己扎实的英语基础,在俄语速成班学了约三个星期,就掌握了俄语的基本文法和近千个单词,能够借助字典的帮助,初步阅读俄文专业文献。

　　在全国都在"向苏联学习"的情况下,当时的高等教育部聘请了几位苏联专家帮助学校办学。港口方面的专家名叫拉莱,他来到大连工学院后,为研究生班上"波浪理论"课,需要有人在课堂上担任翻译。当时,虽然学校给苏联专家都配备了翻译,但这些翻译不熟悉学科专业,因此难以为专业课担任翻译。由于在专业词汇中,俄语的发音和英语的发音基本相似,因此对于邱大洪这样英语基础较好的人来说,比较容易掌握专业俄语。于是,土木工程系就委派邱大洪担任俄语翻译。第一次做翻译难免有些紧张。邱大洪认真、全神贯注地听着苏联专家说的每一个单词、每一句话,脑海里不断地构思译案,终于将非常复杂的波浪理论中的一些专用术语比较准确地翻译出来,使课堂教学得以顺利完成。

"从战争学习战争",邱大洪过去从来没有学习和接触波浪理论,通过给苏联专家当翻译,一边学,一边翻译,不但学到了港口工程方面很重要的波浪理论,还学习了如何讲授"波浪理论"课。过去我国大学教学计划中,没有毕业设计这个环节,苏联专家引进了这个环节。学校安排邱大洪先行补做毕业设计,当时他选择了营口港扩建作为毕业设计选题,为做好这份毕业设计,邱大洪到营口港现场调查和收集资料,这是他首次接触港口工程。完成设计后,学校正式组织了毕业设计答辩。由此开始,邱大洪一生与我国的港口工程结下了不解之缘。

1956年,通过前一段教学实践和向苏联学习,邱大洪的业务水平有了很大提高,他不仅具备了俄语的听说能力,还根据苏联专家卡斯巴申的教案,与侯穆堂合作编著出版了我国高校第一部通用教材——《港及港工建筑物》。这本专业教材,当时在高校和工程界引起了良好的反响。

若干年后的今天,对于学习苏联,邱大洪是这样认为的:当时,中华人民共和国成立不久,帝国主义还在包围着我们。苏联是社会主义国家,是我们的友好邻邦,有着30多年进行社会主义建设和举办高等教育的经验。因此,非常值得向苏联学习。从效果上看,当时大连工学院既认真抓基础理论课的教学质量,又发挥了各个实践环节在培养人才中的作用,教学秩序稳定,以教学为主的思想明确。在苏联专家的指导下,水利工程和精细化工等学科都有了良好的基础。这些,对建校不久的大连工学院的迅速发展,对师资水平和教育质量的提高起到了积极的作用。

初到大连工学院,邱大洪印象深刻的另一件事便是担任"工程制图""测量学""土力学""结构力学"等课程的助教。新中国成立后,大连工学院虽然从香港、上海等地招聘了一批知名专家教授,但师资力量依然不足。当时学校的助教很少,在他们这批助教来校之前,整个土木工程系只有一个助教,教授、副教授倒是有好几个。邱大洪一面虚心向老教师学习,一面承担了繁重的教学任务。他几乎同时为4位教授、副教授主讲的4到5门课程当助教。在这期间,他博采众长,不断充实自己的理论基础。

据邱大洪的学生、后来成为同事的赵乃义回忆:"我是1955年港口工程专业毕业的。上学时我们的主课就是港口工程。当时有两个老师教我们,一个是侯穆堂,另一个就是

## 洪流向海　波浪情缘——邱大洪传

邱大洪。侯穆堂主要讲规划方面的课程,邱大洪主要讲码头结构方面的课程。"①

邱大洪在讲码头结构方面课程时,总是喜欢带着自己精心准备的厚厚的卡片,卡片上记载着他收集的各种关于码头结构方面的资料和公式、专业术语、单位换算、实际范例等。邱大洪认为,集中记忆、长时间记忆会使人倍感枯燥,可是用整理卡片的方法可以排解这种烦恼。采用传统的卡片式教学,可以根据实际随时增减、更新和补充内容,便于灵活掌握;为争取用最准确、最精练的语言将码头结构方面的知识深入浅出地传授给学生,卡片带在身上,备起课来很方便。另外,这种方法还可以养成积累资料的习惯,对于从事教学和科研工作都有好处。

邱大洪采用卡片结合工程实际上课的方法效果非常好,在同学们中间引起了强烈的反响。赵乃义这样描述邱大洪用卡片方法讲课的情景:"举个简单的例子,冰在海上撞到建筑物会产生力,计算这个力的公式,是个经验的公式,过去老师讲课时可能就把这个公式直接写给你。邱大洪讲课时把公式里面影响冰的压力的因素提出来,你不仅要会用这个公式,还要知道在这个公式里影响因素是什么,这些影响因素中起主要作用的是哪一项,哪些是我们算不出来的,而是根据经验总结出来的,他都会讲给你,这样就把这个公式讲得比较生动、比较深刻。不是教会你用就行,而是要让你知道

---

① 赵乃义访谈录,2016年3月18日,大连。资料存于北京理工大学"老科学家学术成长资料采集工程馆藏基地"。

## 初到大连工学院

所以然,这些是书本上没有的。我记得很清楚,他常常手上拿着一摞卡片,都是他自己学习以后的体会。这件事情给我的印象特别深。大家都非常喜欢听他的课。"[1]

这件事对赵乃义影响很大。后来她在为1977届、1978届学生讲结构力学课时,便将专业知识与实际应用结合起来为学生们授课,而不是从书本到书本。她非常注意讲清基本概念,尽力联系一些工程里面的实际力学问题讲课。

在一次讲到用计算机进行高桩码头结构、双排桩码头结构和圆筒码头结构计算的问题时,赵乃义说,结构力学首先要讲结构,由很多构件组成了一个结构。如果少了哪一个构件,结构就垮了。为加深印象,她为同学们讲了一个当时刚刚发生的案例。江苏的一个水运工地,刚刚做好了脚手架,工程技术人员进行质量工程检查时,明明是少一根杆,却没有检查出来,便通知施工。当时有几个华东水利学院的学生参加实习,上去浇灌混凝土,结果人与混凝土全部陷到了里面,造成国家财产的严重损失和许多家庭的不幸。人命关天,这个工程技术人员被判了刑。

赵乃义非常沉痛地对学生讲,我们搞工程的人,头脑一定要时刻绷紧这根弦,一方面是认真结合实际检查工程质量;另一方面在学校学习的时候,要注重联系一些工程实际问题来学习。学习结构力学的时候,要懂得这些问题,要知道可能出现哪些问题,后果是什么,怎样去解决实际问题。

---

[1] 赵乃义访谈录,2016年3月18日,大连。资料存于北京理工大学"老科学家学术成长资料采集工程馆藏基地"。

光会做练习题是不行的,还要知道怎样解决工程实践中常常遇到的这些问题。

邱大洪在担任助教期间,常常白天随堂听课,课下批改作业、辅导答疑。尤其是答疑,这是学生考老师的过程。这个过程对老师来说,是很好的训练,在解答学生问题的过程中可以启发自己。这是邱大洪初到大连工学院的另一大收获。给这些课程当助教,为他以后的科研和教学打下了很好的基础,是一件终身受益的事。助教的这段工作经历,使他具备了深厚的专业知识,迅速成长为一名优秀的教师。

从1951年开始,大连工学院从国内有关大学毕业的学生中,陆续补充了一批像邱大洪这样的青年教师。这些教师朝气蓬勃,为教师队伍增加了新的活力,学校对他们寄予厚望并重点培养。1956年11月,邱大洪等47名助教被提升为讲师。

对邱大洪初到大连工学院的工作经历,土木工程系是这样评价的:"这一时期土木工程系师资队伍的特点之一就是有14名年轻的助教,他们绝大部分来自国内名牌院校,清华大学6人,北京大学1人,交通大学(现上海交通大学)2人,北洋大学(现天津大学)2人,其他院校3人。他们虚心好学,带来了各自院校的好学风和好作风。由于当时课程多,助教少,有些人需要同时助教两门课或三门课,虽然辛苦,但学到了较多的知识,为日后的成长打下了良好基础,后来成为中科院院士的邱大洪(清华大学)就是一例。"[1]

---

[1] 《大连理工大学土木水利学院院志》编写组.大连理工大学土木水利学院院志(1949—2009).大连:大连理工大学出版社,2009.

## 创建港工专业

20世纪50年代,中国没有自己建设的近代港口,也不会建设港口,只有一些落后的小码头。大连港先是俄国人建的,后来是日本人建的;青岛港是德国人建的;天津港是日本人建的;湛江港是法国人建的;上海港是英、法几个国家联合建的……所有中国港口都是当时那些列强掠夺中国财物的产物。当时的港口设施差、机械化程度非常低,主要靠人抬肩扛进行装卸作业。

大连工学院院长屈伯川[①]高瞻远瞩,主持创办了新中国第一个港口工程专业。中华人民共和国成立初期,所有大学里都没有设立港口工程这个专业。

1951年,邱大洪来大连工学院不久,钱令希也从浙江大学调到大连工学院,担任港口工程教研室主任。

那时候,正赶上全面向苏联学习。大连工学院土木工程系先后聘请了三名苏联专家:水工专家郭洛瓦切夫斯基(列宁格勒加里宁工学院副教授)、水利学专家拉莱、港工专家卡斯巴申。这样,在屈伯川的倡导下,三名苏联专家与钱令希一起努力,我国第一个港口工程专业在大连工学院建立起来了。

---

[①] 屈伯川(1909—1997),男,四川省泸县人,著名教育家,中共党员。1934年赴德国留学,1937年获得德国化学工程博士学位。大连理工大学主要创始人,延安自然科学院创始人之一。

洪流向海　波浪情缘——邱大洪传

苏联专家卡斯巴申(前排右五)与港工教研室全体教师合影

　　钱令希主讲"港口工程"课程,邱大洪担任助教。邱大洪工作努力,学习认真,刻苦钻研,很快地掌握了讲课的内容和方法。1955年,他接过钱令希的课,与侯穆堂一起主讲"港口工程"。

　　"港口工程"这门课程总的来说是遵照苏联工科教育教学要求,强调工程师的基本训练。参照苏联教材,授课方式也按照苏联的教学方式进行。教材编写得非常严谨、详尽,公式一步一步推导得非常清楚、精确。教材从基础理论和系统专业知识教学入手,设有习题课或课堂讨论,这个教学环节能够帮助学生深入理解、掌握理论教学的内容。课程设计和毕业设计讲究规范、严谨,工作量很大,学生自由支配的时间很少。这门课程基本上是按照培养工程师的目标来设置的，如果能完成这些课程就可以工作了。也就是说，课程的工程专业性和实践性比较强。

邱大洪在讲授课程时精益求精。他备课认真，每次讲课之前总是要把教案上的内容进行必要的修改、补充，使教学内容更加充实、完备。对于学生们交上来的作业，他认真批改，对发现的共性方面的问题，他在课堂上逐一讲解，认真剖析，直到每个同学都听得明明白白为止。

在这期间，邱大洪还协助钱令希进行交通部港工培训班的教学工作，并在那里指导了首届港湾工程专业毕业班的毕业设计。新中国成立后，交通部成立了一个航务工程总局，就是管港口建设的。建设的第一个港口是天津港，是在日本人建设的基础上进行改造的。

当时，港口方面的专家很少，严恺是其中一位，他曾担任过华东水利学院的院长。航务工程总局也办了一个学习班，请苏联专家讲课，还把钱令希请去讲课。于是，钱令希继续让邱大洪担任助教。这些学员是我国培养的第一批搞港口的工程技术人员。那时候工程局和设计院是在一起的，中国第一代港口工程人员就出自那个学习班。

大连工学院开创港口工程专业后，华东水利学院（河海大学前身）、天津大学相继开办了港口工程专业。后来，特别是近年来，这门新兴的学科在全国各个高校不断涌现，迅速发展。

中国港口工程技术人员的培养从大连工学院开始，大连工学院为国家培养了一批优秀的港口工程人才。他们有的成了管理干部,有的成了教学、科研人员。总之,他们为新中国的经济建设做出了卓越的贡献。

邱大洪对于这段经历曾在《努力为祖国开发海洋的科教事业做出贡献》中写道,"回顾自己走过的这几十年,从50年代初大连工学院创办我国第一个港口工程专业起,我就在老一辈科学家钱令希等的指导下,开始了在这一专业的教学和科研工作,与老教授一起合作编写了我国港口工程专业的第一本高校通用教材《港及港工建筑物》,在学术界引起了良好反响"[①]。

## 名师指导

邱大洪刚到大连工学院当助教时,对什么是科学研究和怎样做科学研究一窍不通,是钱令希的指导,使他写出了第一篇学术论文。

钱令希来到大连工学院后,在研究地震对重力坝的动水压力时采用电模拟的方法,得到作用在重力坝迎水面上的动水压力。原理是动水压力水流运动的方程跟电流运动的方程是同一个数学方程,用同样的方程可以把电流场模拟成动水压力场。在这里邱大洪知道了科学研究是怎么一回事:两个完全不同的东西,一个完全相似的数学方程,科学研究可

---

① 《努力为祖国开发海洋的科教事业做出贡献》,邱大洪院士手稿,写于20世纪90年代。

以利用这样一种关系去做实验研究,也开拓了一条理论研究的道路。同样的数学方程在不同的物理现象里相似,也是钱令希教他的。

邱大洪的第一篇学术论文,研究的是高桩台计算。这种计算可以采用好多方法,但开始假定上面的桩台是由混凝土构成的,下面是由一个一个细桩构成的,它们的刚度不一样。通常将上面当作一个刚体,下面当作一个杆来计算。那时候,我国建设了很多码头,不是采用这种结构,上部通常是梁板结构。于是,邱大洪就用钱令希提出的利用弹性的连续梁来计算。

邱大洪将自己的论文送给钱令希看,钱令希表扬邱大洪说,"有心得,想法好"。于是他动手帮助邱大洪认真地、字斟句酌地修改和加工。几易其稿,才将这篇论文定稿。经钱令希修改后的论文看似很普通,但表达不夸张,实事求是,每个计算都做得很准确,措辞严谨。这次科学研究与工程结合的实践经历为邱大洪开拓了一条做科研的路径,也教会了他撰写论文的方法。

1957年2月5日至10日,中国科学院物理学、数学、化学部和技术科学部联合召开第一次全国力学学术报告会,到会代表200余人,宣读了76篇论文。最后一天,即2月10日,大会通过了中国力学学会章程,选举了35位著名力学家为理事,钱学森为第一任理事长。自此,中国力学学会正式成立。[①] 就是在这次学会上,邱大洪宣读了《柔性高桩台的计

---

① 庄逢甘.中国力学学会40年.力学与实践,1997,19(6).

算》，在力学界引起了广泛关注。大连工学院校史也有如下记载：

"为总结和检阅全院的科研工作，交流经验，大连工学院定期召开科学讨论会。从1954年到1956年，学校一连召开了三次科学讨论会。……这次讨论会共提出了72篇论文。其中，青年教师提出的论文占半数以上。当时公认的质量较高的学术论文有：王众托[①]讲师的《按虚频特性近似地寻求过渡历程曲线的简化方法》，邱大洪讲师的《柔性高椿台的计算》，林皋[②]讲师的《支墩坝的稳定计算》等。"[③]

邱大洪对这段经历曾经做过这样的回顾："这篇论文就是这样写出来的，后来在第一届全国力学年会上报告了我的这篇论文。那次会上有好多力学专家，我只是个普通的助教。一个年轻的学者，能够在这样的盛会上做报告不是一件容易的事情。这篇文章本身对我的影响现在看来似乎不是什么大的事，但是如何来写文章，怎么样写论文，对我的影响最大，尤其是做学问的态度，对以后搞科研如何申请基金帮助也很大。有一次，有个研究生上报申请基金的材料送我审核，我删掉一些华丽浮躁的词语，不夸大，实事求是地写，采用平实语言，但最后获得的资助却是最高的。所以我对我指导的研究生论文的数据要求特别严格，怎么得来的要有出

---

① 王众托，1928年生，湖南平江人，系统工程与管理科学专家。任教于大连理工大学。2001年当选为中国工程院院士，获系统科学与系统工程科学技术奖终身成就奖。

② 林皋，1929年生于江西丰城，水利工程及地震工程专家。任教于大连理工大学。1997年当选为中国科学院院士。

③ 大连理工大学校史编写组，孙懋德．大连理工大学校史（1949—1989）．大连：大连理工大学出版社，1989：84.

处,有的数据要重新计算。"[1]

　　有一次,邱大洪在文献中看到一篇文章,述及在地中海的一次风暴中,热那亚港的防波堤被大浪冲毁,数百上千吨混凝土方块被冲下海。文章中较详细地阐述了风浪的强度和破坏的状态。这时,邱大洪就想,能不能在我们实验室的风浪水槽中复演这种状态?钱令希非常支持他,于是他就按文章中所介绍的资料,在实验室中进行试验。当风浪水槽中产生的波浪达到文献所述水平时,果然,防波堤被冲垮了,而且毁坏的状态与文献中所说的一致。通过这个实验,他在感性上对海浪有如此大的能量有了更切实的了解,对确定他以后的研究方向产生了不小的影响,并从中对科学研究要密切结合工程实践有了较深的体会。

　　有了这段经历后,邱大洪在指导他的学生写论文时便将钱令希的许多好的方法传承下来,并有所创新。

　　1955年,邱大洪指导了曹祖德[2]的本科毕业论文。曹祖德认为,通常大学毕业设计就是把在大学里所学到的东西最后整理一下,形成一篇论文即可。邱大洪得知他这个想法后,严厉地批评他说:"你不能这样做!你要采用柔性桩台结构形式完成码头结构设计。"当时这是一个非常新的课题。曹祖德在大学读书时接触的很少。为了让他做好这篇论文,

---

　　[1] 邱大洪访谈录,2015年4月7日,大连。资料存于北京理工大学"老科学家学术成长资料采集工程馆藏基地"。
　　[2] 曹祖德,1931年生,江苏省常州市人,海岸工程泥沙和数值模拟专家。交通部天津水运工程科学研究所研究员,中国海洋大学博士生导师,《水道港口》杂志编辑委员会委员。

## 洪流向海　波浪情缘——邱大洪传

邱大洪送给曹祖德许多相关资料和书籍,让他参考。他要求曹祖德一定用柔性桩台,用最新的方法进行设计。

60多年过去了,曹祖德对导师邱大洪指导他做论文的事仍难以忘怀。他说:"邱老师指导我做毕业论文虽要求严,但循循善诱。他对我和其他学生要求都很严格,强调创新。他指导你,让你做出优等的论文。其实,他当时只比我大两岁。虽然他很年轻,但非常有水平。当时他给我的印象是,这个年轻老师,不但业务水平很高,为人也很正直。邱老师指导我的第一篇毕业论文《柔性高桩台设计》采用苏联最新的斯莫洛金夫斯基推荐的计算方法,根据多跨连续梁原理,计算了柔性高桩台的受力特性,设计了柔性高桩台上部结构的钢筋混凝土梁和下部桩基。设计说明书有100页,画了5张大图。这个设计是我在大学里的课程中从没学到过的。这个新方法是邱老师手把手地教我做出来的。当时审查论文的老师是钱令希教授,他说这篇论文做得不错,挺好。这篇论文获了优等。"[1]

邱大洪在指导本科学生做毕业设计时,认真负责,一丝不苟。对于不是他指导的学生,他也一样关心,一样认真对待,一样严格要求。20世纪50年代,邱大洪以评审委员会委员的身份参加了赵乃义的毕业设计答辩会。那时候的评分标准是按优、良、中、劣四个等级。最后的答辩,是由几位老师组成答辩小组,老师提问,让学生回答。赵乃义的毕业设

---

[1] 曹祖德访谈录,2015年6月28日,南京。资料存于北京理工大学"老科学家学术成长资料采集工程馆藏基地"。

计是船台结构设计。那个年代修的船小,从水里拖上来,需要有船台结构,船是放在小车上被拉上来的。当时邱大洪向赵乃义提的问题是:"你能不能保证这好几个小车是同步的?不能有的跑得快,有的跑得慢。"这样的问题原来在她设计的时候是没有想过的,也没有涉及。因为她对实际工程了解得很少,所学的知识大都是从书本到书本,对于一个与实际有着紧密联系的问题,她无法回答。这个问题对她触动很大。事后,赵乃义反思认为,搞学术研究的,特别是搞工程专业,一定要将所学的工程理论与实际联系起来,要用所学的理论知识来解决工程实际问题,不能光是了解一些书本上的理论知识,从根本上来说,就是要学以致用。赵乃义在日后的教学和科研中,首先想到的就是如何将书本知识和理论基础知识与实际工程相结合、相联系。

# 大连渔港工程设计

大连渔港工程设计

## 几代人的期盼

"碧蓝的海面上,三道白色的长堤围护着一片平静的水面,港外波浪滚滚,港内微波荡漾,这里是即将建成的现代化的大连渔港,它包括了数十万平方米的水域和一公里多长的防波堤、数百米的码头、高大的制冰冷藏库,以及其他相应的生产设施,可供数百条渔轮生产使用。它是我国最大的专业渔港之一,也将成为我国发展海洋渔业生产的主要基地之一。"[1]这是1966年1月28日的《光明日报》对当时即将建成的大连渔港的报道。

大连渔港位于大连湾西北角的大连湾镇,清朝大臣李鸿章曾在此训练北洋水师。清朝政府曾想让荷兰帝国主义在这里建港,结果被敲诈去一笔巨款,只留下一个破烂不堪的小栈桥。日本帝国主义侵华时,也有过类似的打算,但同样没有实现。1966年1月,面对着这个即将建成的大型渔港,当地一位80多岁的老人感叹道:"盼了几代的港口,今天终于快建成了。"[2]

1958年,大连工学院全面承担这座渔港的设计任务,由土木工程系港工专业的邱大洪、邢至庄等教师带领1959届学生开展工作。这届学生分成水文地质观测、装卸机械、模型机械、模型试验等小组,在教师指导下进行实地调查、研究,并参加了装卸鱼品等劳动,分别承担部分课题作为自己"真

---

[1][2] 1966年1月28日《光明日报》。

### 洪流向海　波浪情缘——邱大洪传

刀真枪"的毕业设计（论文）题目。同学们注重同工程实际相结合，运用所学知识为生产建设服务，热情很高，收获较大。邱大洪等教师参与的渔港总体设计方案一次性通过审核，得到了大连市水产局和渤海工程处等有关领导的好评。

在建设渔港之前，邱大洪等教师都没有亲自参加过港口建设。这次受命出征，邱大洪等教师设计出了港口，由不会搞生产到学会了搞生产，向理论联系实际方向迈出了一大步，在工程实践中学到了建设港口的真本领。与此同时，邱大洪等还组织十余门专业基础课的教师去工地劳动，这为日后更好地进行教学改革、提高教学质量打下了良好的基础。

1958年，邱大洪等设计的当时我国最大的现代化渔港

## 大连渔港工程设计

在建设渔港之前,邱大洪等教师参加的科学研究项目很少,而这个工程给他们提供了很多的科学研究题目。他们先后研究了波浪对外海防护建筑物的作用、渔港设计标准等重大项目共 18 个,参与的师生有百余人。这对解决工程中的一些关键问题、提高工程质量、培养学生和提高学术水平起到了非常重要的作用。

当初,这个任务是怎样接受下来的?又是怎样上马的?

大连居辽东半岛南部,三面濒海,腹地宽广,是一个工业发达、人口稠密的滨海城市,是东北地区水陆交通枢纽,也是东北地区海产品的集散地,担负着支援工农业生产建设和供应人民对海产品需求的繁重任务。

大连控制着黄、渤两海要冲,渔场宽阔,资源丰富,仅黄海北部、中南部和渤海就有 95 个主要渔区,作业面积为 79 800 平方公里。按每平方公里可捕量为 10 吨计算,则年可捕量近 80 万吨,而国营水产企业和群众渔业的年产量约占可捕量的 43%,其中旅大水产公司年产量占可捕量的 7%。此外,尚有大沙济州岛西南以待将来开发利用。

为进一步开发我国水产资源,支援工农业生产大跃进和供应人民对鱼类食品日益增长的需要,当时辽宁省渔业公司拟将东经 124°以西的渔场全部由我国渔轮开展捕捞作业,同时根据中央水产部指示,到 1960 年海洋捕捞技术设备要赶上或超过日本。[1] 据此,海洋捕捞事业将会有高速度的发展。

---

[1] 内容参照大连工学院渔港设计总体规划小组于 1958 年 12 月 5 日的《前言》撰写,资料现存于辽渔集团有限公司档案室。

## 洪流向海　波浪情缘——邱大洪传

在发展渔业生产时必须力求渔获物迅速得到处理和及时供应渔需物资。当时渔港水陆面积狭窄、码头拥挤不堪、生产单一、设备简陋，不仅影响生产发展，而且产品不能综合利用，导致产值少、利润低，无法获得更多的收入。因此，急需着手建设与海洋捕捞事业需求相适应的渔业基地。

在大连的一次会议上，当时辽宁省渔业公司的一位科长同大连工学院土木系的副系主任邢至庄谈到此事，提出由省里投资建设一个比较大的渔港，能够停靠8条300~500吨的渔船，或者是10条100~150吨的渔船。没有这样的渔港，船往哪里靠？打来的鱼怎么能够卸下来呢？邢至庄回校同教师们商量。对当时的土木系来讲，承担这样的工程设计确实是有许多困难的。因为大部分师生都是二十几岁的青年人，大多数教师从未参加过工程设计，没有实践经验。除此之外，大型的渔港，我国没有，在外国也不多见。敢不敢接？能不能搞出名堂来？这在师生中曾引起很大争论。当时正是提出"教育与生产劳动相结合"的教育方针的时候，邱大洪在讨论中认为这是一个关系到我国教育工作走自己的道路的问题，应该克服各种困难接受这个任务。经过激烈争论后，最后大家达成共识，一致同意接受这项设计任务。

大家将商量的意见汇报给屈伯川院长，他指示土木工程系要以此作为研究如何贯彻党中央"教育与生产劳动相结合"的教育方针的一个重点案例，并且教师们应该在渔港工程设计中"授之以渔"，教会学生怎样去"捕鱼"。

按照屈伯川院长的决定和指示，邱大洪等人在渔港的研究、设计中选择一批毕业班和大三学生,根据他们各自所在的年级和学习的课程,把原定教育计划要学的内容改进扩充,使之适合工程实际,完成应学的知识和应受的训练。渔港的水工整体布置和结构设计的任务由邱大洪承担,渔港陆上部分建筑物的设计者则来自省里的一家设计院。

## 28 岁的总工

1958 年,年仅 28 岁的邱大洪出任大连渔港海上工程技术总负责人(相当于现在的总工程师)。这是第一个由中国人自己设计建造的现代化渔港,在当时是亚洲最大的渔港。担此重任,邱大洪如履薄冰,全力以赴。他与相关人员到烟台港、青岛港考察,汲取有关经验。他还亲自跑遍市郊海区选择港址。原来大连市对新渔港的港址有两个方案:一个是在现在的星海广场。因为那时星海广场的位置是一片盐田,靠海边有一个小渔港。在此处建新的渔港,可以不建防波堤,只要整治马栏河口的通海航道即可,投资较小。当时这个地方到黑石礁还很不繁华,但仍属市区。另一个是在大连湾西北角一个叫大连湾镇的地方建造新渔港。经过论证,考虑到把新渔港建在市区,虽然具有交通便利、勘察施工方便、工程量小、投资小等优点,但对今后大连市区的发展,以及对周边居民的环境影响都很不利,在论证过程中,邱大洪等与建设单位据理力争,最后把港址选定在大连湾镇。

## 洪流向海　波浪情缘——邱大洪传

邱大洪担任工程技术总负责人,与师生们共同奋斗了8年,大体上经历了五个过程(勘测、设计、科研、施工、总结)和三个阶段。前两年为第一阶段,要解决的中心问题是设计。为做好设计,邱大洪等组织学生到现场进行调查研究,掌握第一手资料,然后进行设计。在设计过程中,邱大洪充分发扬民主,集思广益。设计方案提出后,接着就进行总体、半整体、断面等各种各样的模型实验,同时与施工单位讨论研究,经过这一系列工作后,方案才确定下来。学生们把一份份设计图纸交给邱大洪。面对这些初稿,邱大洪认真修改、补充,并且把它们整合成一个整体,才构成一篇完整的大文章,也就是可以据此进行施工的图纸。防波堤、码头和修船设施等,这一切都凝结了邱大洪的心血。中间四年为第二阶段,主要任务是实施所设计的方案。在这个阶段中,邱大洪等教师首先组织学生审查上一阶段的设计,吃透它的意图,然后深入工地参加劳动,进行检验,修改设计。通过修改和检验,从原设计中找出不少问题并积极改进。通过实验研究等工作,既提高了设计质量,又保证了工程得到更好的实施。后两年为第三阶段,中心工作是总结。在对本渔港的设计、施工研究的基础上,邱大洪等教师组织学生调查了我国北方现有的渔港,进行了分析对比,归纳总结,提出了《渔港设计标准建议》《渔港防波堤设计》等十多个总结性的文件。

在这八年的三个阶段中,一方面邱大洪等教师统一安排了工作内容,使每个学生都能了解全局,得到全面锻炼,较好地达到了教学要求;另一方面,由于反复检验,反复锤炼,集聚群众智慧,积小成为大成,较好地完成了生产任务。

在这八年中,邱大洪等教师除了要搞好教学和生产任务,还要向学生们灌输正确的思想:在技术路线上,强调要认真贯彻党的社会主义建设的路线、方针及政策和有关水工建设的各种具体标准和规范;在设计思想上,要树立业务服从国家需要,理论联系实际的观点;在学术上,要实行百花齐放、百家争鸣的方针。要树立勇挑重担、敢于创造、敢于胜利的精神,又要在每一个具体的技术问题上坚持重视困难、严肃对待、一丝不苟的态度。

八年来,邱大洪等教师带领他们一届又一届学生锲而不舍地努力奋斗,为发展辽宁海洋渔业建设做出了巨大贡献,建成了中华人民共和国第一个设施完善的港口,它可以同时供8艘300~500吨拖网船或10艘100~150吨一般渔船停靠作业,陆上配套有机械化上冰楼、冷藏库、各种车间、铁路等(陆上建筑由辽宁省建筑设计院负责)。这个渔港建成后,日共中央政治局委员志贺义雄来参观时,感叹地说:"不仅日本还没有这样的现代化渔港,甚至整个亚洲都还没有。"

## 八年奏响一支凯歌

大连渔港的建成,对当时全国工科高校的科研与教学提供了许多值得借鉴、学习和推广的经验。对此《光明日报》在《教育与生产劳动相结合的一支凯歌》中指出:"大连工学院土木工程系通过这一工程设计,取得了三个方面的巨大收获:设计成果的丰收;科学研究工作的发展;教学质量的提高。"

邱大洪深有体会地说:"知识来源于实践。作为一个从事工程教育和科技研究的新兵,到工程实践中去汲取营养是至关重要的。1958年,我校承担的大连渔港海上工程的全部设计任务,历经勘察、设计、施工各阶段,大连渔港1966年建成投产,师生们在实践中得到了锻炼。"[①]

在设计中大连工学院土木工程系教师们利用了学校各种有利条件,包括各方面的技术力量、比较齐全的文献资料和比较先进的实验设备。即使对防波堤断面所进行的五次较小的修改,每次也都利用水港实验室的设备做了模型试验,因此使断面设计更合理、更经济,工程效果比较好。

当在工程设计中出现问题和争议时,邱大洪就组织大家或调查,或研究,共同讨论,互相比较,群策群力,问题想得更深些,考虑得更细些,从而提高工作质量。例如在设计初期,渔港的总平面布置是当时的关键问题之一。邱大洪组织了近百名师生,分成四组,分别考虑不同的方案,并进行现场调查。最后大家讨论,选出最优方案,并进行模型试验,使设计更为合理。再如在港池即将开挖时,水域面积是否合适又成为一个争论问题。邱大洪和几位教师又集中了一批师生分赴北方各渔港收集资料,分析了十余年的生产记录,与近百人次进行交流,进行了现场测定,找出了渔船生产规律和渔

---

[①] 周美鑫.科学家寄语下一代.大连:大连出版社,2002:403.

港运转与商港运转之间的不同点。在此基础上,初步选定了渔港水域面积的设计标准,并以此标准修改原水域面积,重新确定了开挖线,为国家节省了数十万元挖泥费用。

大连工学院土木工程系在教学、科研和生产工作方面的发展主要体现在:邱大洪等教师认为开展科学研究,实行教学、科研、生产三结合是一条很重要的经验,这种做法既能提高工程质量,为生产做出贡献,又能提高教学质量和学术水平。在设计斜坡式防波堤的护面时原打算采用异形块体的新结构形式,但是用什么异形块体、质量多大、如何砌护等一系列问题摆在面前。邱大洪等教师立刻组织一个专门研究小组,开展了这方面的研究工作,最后取得了成果,完成了设计,弥补了教研室在这方面知识的缺陷,同时增加了设备,发展了试验技术,提高了教学质量。就这样,经过试验研究、设计、工程实践,再试验研究、再设计、再工程实践,反复检验他们的认识。每一次反复,不但使设计更趋合理,还使大家有了新的认识,提高了学术水平。

在这八年的渔港建设中,邱大洪自己不但得到了锻炼和提高,也成长为一位名副其实的港口设计方面的专家,这为他日后承担更重要的科研和工程设计工作奠定了坚实的基础。与此同时,为大连工学院培养了一批优秀的专业人才。

八年的渔港建设,对每一名参与者来说都是边干边学的八年。在这八年当中,邱大洪带领他的学生们走出校门,深入生产实际和工程实践当中,同学们的业务水平和科研工作能力有了很大提高。为了让教师和学生熟悉和了解渔港生产工艺,邱大洪还带领他们到原渔港与装卸工人一起劳动,真正体验了渔业工人的艰苦劳动。他们不仅通过劳动收集到了第一手资料,还带着要为工人同志创造良好的工作条件的强烈愿望投入设计工作。就这样,在劳动中,师生们理论联系实际,注重工程实践,这也是教学中的一个基本原则。渔港设计研究任务,为贯彻理论联系实际的原则积累了丰富的经验。

边干边学的措施还促使学生面对许多实际问题,要求他们去解决随着工程进展而逐渐暴露出来的一个个矛盾,因此使学生学到了在书本和课堂中学不到的知识,培养了运用所学知识合理地解决实际问题的能力。例如渔港码头的混凝土帽梁,根据使用要求需要改成花岗岩帽石,学生们刚接触这个问题时觉得非常简单,他们向有关人员做了调查以后,很快做出了设计。但施工单位看后提出了许多构造上的问题,不得不更改设计。后来由于石料供应条件变了,又不得不再次更改设计。就这样,一个看起来很简单的帽石设计,反复设计了五次才最终完成。这里牵涉到使用要求、施工条件、结构构造、材料供应等多方面因素,它们之间的关系错综复杂,而且这些矛盾并不是一下全部摆在人们面前,而是在发展过程中逐步暴露出来的。因此,只有亲身参与实践才能接触到,才能培养起解决实际问题的过硬本领。

承担工程任务,参加工程实践,实现生产、教学和科研三结合,不但有利于培养学生,也是提高教师水平的一个重要途径。八年来,邱大洪与学生一样,走出校门,参加了工程设计和科学研究的实践,从而在生产实际经验和业务水平方面有了提高,同时还锻炼了组织工作能力。经过这八年的实践,一支既有一定理论又有一定实际经验的教师队伍初步形成。参与这种工程任务为日后更好地实现教学、科研、生产三结合,贯彻党和国家的教育方针打下了良好基础。

大连渔港的建成,邱大洪做出了卓越的贡献。对于这段经历他曾自豪地做过这样的总结:"60年代,大连工学院承担了当时亚洲最大的渔业基地——大连渔港的设计任务,我有幸在青年时代就挑起了技术总负责人的重担,亲自参与了选址、扩初设计到施工图设计的每一个阶段。该港现仍为我国最大的海洋渔业基地。1987年该港扩建我又出任总工,1989年竣工投产,已取得良好的经济效益。"[①]

**大连渔港码头全貌**

---

① 《努力为祖国开发海洋的科教事业做出贡献》,邱大洪院士手稿,写于20世纪90年代。

# 大连新港工程设计

大连新港工程设计

## 为了周总理的嘱托

20世纪70年代初期,大庆油田是我国最大的油田,当时它正处于从开发到成熟的阶段,原油年产5000万吨到1亿吨,并且逐年增加。大庆原油源源不断地被开采出来,国家需要它,需要有完整的销售系统与之配套,尤其是大庆原油对海外的销售港口。当时的中国比较贫穷,需要大量外汇。此时大庆原油出口的渠道只有大连港寺儿沟港公司。这是以成品油为主的油港,原油只占其中一部分,最高年中转量达到1152万吨,用火车将原油从大庆拉过来,运量比较小。经过改建大连港,也没有明显的效果。在这种情况下,只能寻找新的出口港,因此,大连市领导和大连港有关人员着手开展这项工作。原本打算将这一工程承包给外商,但他们提出的条件苛刻,索价过高,导致谈判破裂。

1973年2月27日,周恩来总理听取了全国计划工作会议领导小组汇报的关于港口建设方面的问题后认为:"港口建设像乌龟爬,跟不上形势需要。"他明确指出:"从现在开始,三年改变港口面貌,要建争气港。"

为完成周恩来总理"三年改变港口面貌"的指示,大连工学院临危受命,承担了我国第一座现代化原油输出港——大连新港设计任务。接到任务后,几乎是在第一时间,屈伯川院长动员全校相关学科、专业师生,分别投入到选址、勘测、方案比较、试验研究、设计等工作中。这个港的设想是第一期通过能力为每年 1500 万吨,第二期达每年 2000 万吨,码头东侧可靠泊 10 万吨级油轮一艘,西侧可靠泊 5 万吨级油轮一艘,停泊及作业时间每艘 10 万吨级船不超过 36 小时。这样的规模和作业水平,在当时是我国最先进的。这项工程主要是由钱令希先生以及邢至庄、邱大洪、洪承礼等几位中青年教师研究、设计出来的。

当时正值"文化大革命"期间,为建设油港,大连市成立了"大连鲇鱼湾油港建设指挥部"(当时油港建设在一个地名为鲇鱼湾的小渔村海边,人们都称其为鲇鱼湾油港,后来才改名为大连新港),邢至庄出任指挥部的副总指挥。当时具体分工是:邢至庄负责大连工学院参加这项任务的所有师生的组织工作,钱令希担任油港工程顾问并负责栈桥研究、设计工作,邱大洪负责整个水工建筑物的研究、设计,洪承礼负责水工平面设计。这个油港工程先后进行了 16 项室内和室外科学实验,由李玉成教授等人负责。

这段建造大连新港的经历给邱大洪留下了深刻的印象。他谈到这段往事时说:"我校土木工程系从 1958 年开始,就有了港口的工程实践。后来建大连新港,即鲇鱼湾港,是在 1973 年,也就是'文化大革命'期间,当时是条条块块分割,块块为主,不是条条为主,所以那时候大连港口由大连管辖,而不是交通部。大连要建新港(鲇鱼湾油港)时找到我们学校,我和邢至庄、洪承礼三人带了一些学生去做鲇鱼湾油港的设计工作。鲇鱼湾油港指挥部的总指挥来自某部队,邢至庄是副总指挥,我们做具体设计工作。"①

建这个港的初衷,就是想把大庆原油输出去。当时东北的大庆油田要往外输油,要通过输油管线输到大连,再由大连港输送出去。当时的设计方案是采用日本进口的单点系泊方案,也就是设计一个浮筒,将海底管线连接在浮筒上,油轮系靠在浮筒上,通过浮筒上的管线给油轮输油。仅仅一个海底水下油管,外商就把价格抬得非常高,还有很多苛刻条件。由于大庆油田到大连铺设输油管线的工程进展非常顺利,油港工程的建设工作期限要求很紧,后来国务院总理周恩来决定,不用外国的,我们自己建港,叫"争气港"。②

## 工程现场设计代表

钱令希在日常的科研工作和工程实践中,十分爱才识才,他不仅锲而不舍、持之以恒地培养组建一流的科研团队,而且千方百计,通过各种途径和多种方式培养各方面的科研、教学人才。他培养人才的方式通常采用"师带徒"和"师导师"两种方式。钱令希通过"师带徒"这种方式,指导邱大洪撰写出他的第一篇学术论文——《柔性高桩台的计算》,也正是这篇论文为邱大洪今后的科学研究打下了基础。

---

①② 邱大洪访谈录,2014年11月4日,大连。资料存于北京理工大学老科学家学术成长资料采集工程馆藏基地。

洪流向海　波浪情缘——邱大洪传

完成这篇论文后不久,钱令希便离开了土木工程系,而邱大洪依然留在这里工作。20 世纪 70 年代初,为完成周恩来总理的嘱托,师徒俩又一起来到了大连新港并肩战斗,共同创新,为大连新港的建设做出了卓越贡献。

建设现代化原油输出港的任务下达后,钱令希、邢至庄立刻带着邱大洪等五名青年教师组成设计组,一次又一次地赶往远离大连市区百余里的鲇鱼湾进行实地勘察和测量。经过反复调查和研究,其结论是:从岸上到达能够停泊将近 10 万吨巨轮的深水处只有两个方案,一个是动用大土方填埋,另一个就是修建海上栈桥。显然,移山填海造出港口,在当时根本不现实,较好的选择就是修建海上栈桥。

钱令希带领力学系课题小组的青年教师殚精竭虑,夜以继日地设计栈桥的一个又一个方案,然而都被否定了。想节省材料,就无法达到所规定的荷载;想满足荷载条件,就要消耗掉更多的钢材。经过反复思考和酝酿,钱令希提出一个大胆、打破常规的方案:建一座"百米跨度空腹桁架全焊接钢栈桥"。他的设想使得所有的青年教师都惊呆了。

这个方案施工快、材料省、受力合理、使用方便、美观大方。但有人劝他:"造这种桥,国内无先例,国外做的有不少都失败了,不必去冒那个风险。"钱令希不为所动,认真总结了国外建此类桥失败的教训——设计不合理、钢材质量差、焊接技术不成熟。他跑了全市十多个大厂,找到扬长避短的有利因素。同时,他们又做了四种跨度、三种桥型的科学实验,终于把这个优化方案确定了下来。

这是一个国内尚无成功先例的工程设计,整个工程建设仅用了不到一年的时间。栈桥建成之日，全长近1千米的九跨拱形钢结构长桥飞架在蓝天碧海之间，气势甚是雄伟壮观，赢得了中外工程界的称赞。这项设计荣获全国科学大会奖和国家20世纪70年代优秀设计奖。设计小组编写的《全焊空腹桁架钢桥》一书于1982年由人民交通出版社出版。

教师敢于走前人没有走过的路，学生也一点不含糊。百米跨度空腹桁架全焊接钢栈桥的桥墩，采用的是与码头主体结构一样的大直径圆形钢筋混凝土沉箱，其上设置巨型混凝土块体，用以安置钢桥的支座。钢筋混凝土沉箱设置在抛石基床上，抛石基床就搁置在海底经过开挖到岩面的基槽内。这样大跨度的海上桥梁的基础，不用一般桥梁工程采用的深入地下打桩或做沉井为基础的做法，是前人从未敢做的。邱大洪在栈桥设计者钱令希的支持下，经过科学分析，充分论证，出色完成了设计，并付诸实践。实践证明，栈桥建成至今，已逾40年，仍安然无恙地耸立在大海中。

对这个百米跨度空腹桁架全焊接钢栈桥及其桥墩的设计，当时参加评审的"铁三院"的专家们都提出了反对意见，认为这种桥形不安全。桥墩没有根也不安全。经过设计者们反复认真的答辩，最终还是通过了这个设计方案。现在，这种海上桥梁的设计思路，已被人们广为接受。

邱大洪作为国家重点工程大连鲇鱼湾油港（大连新港）建设的主要技术负责人之一，主持离岸式码头的造型、总体和结构设计，并任施工现场的设计代表。在近3年的时间里，他远离家门，有时甚至一连几个月不回家。在施工中，邱大洪始终辛勤奋斗在第一线，终于在栈桥和码头的基础上，矗

洪流向海　波浪情缘——邱大洪传

荣获国家优秀设计奖通知书

大连工学院：

大连鲇鱼湾油码头工程设计

荣获七十年代国家优秀设计奖

国家基本建设委员会
一九八一年十二月

大连鲇鱼湾油码头工程设计荣获七十年代国家优秀设计奖

立起了 25 个高大的圆形沉箱,每个沉箱高 19.7 米、直径 9 米,自重 780 吨,这在我国港口海岸工程中还是第一次出现。这些沉箱中的一部分作为桥墩,被安放在栈桥的下面,承托栈桥的重量。另一部分被安放在码头的输油平台、靠船墩、输油管线联桥等结构的下面,承托着平台及其上部设备的重量以及油轮靠泊时的撞击力。19.7 米高的沉箱是大约 6 层楼高的庞然大物,在当时的技术条件下,制作非常困难,就算能够做出来也没办法把它搬到施工现场。邱大洪开动脑筋,反复同生产厂方和施工单位商量,并且经过多次模型试验,采取两次浇筑的方法,也就是先在预制场把沉箱浇筑到 12 米高,然后从预制场下水,拖运到大连港码头边的水上接高场地,再接着浇筑 7.7 米。把这个庞然大物从海上运到现场,也不那么容易。还是邱大洪想出了办法:第一步,把沉箱中的水抽空,口子密封;第二步,在涨潮的时候把它浮起倾斜,减少吃水,然后用拖轮拖运到安放现场;第三步,向沉箱灌水将其扶正,再沉放就位。由于沉箱安放后,其顶面标高还达不到码头底面要求的标高,因而需要在沉箱上面做上部结构。在上部结构中,邱大洪采用了由多层混凝土巨型方块搭砌而成的结构,类似搭积木。为使这些巨型方块之间及与沉箱之间能牢固地连接在一起,邱大洪还精心地进行了细节设计。这是我国第一次在上部结构中采用巨型方块方案,并取得了成功。最大的巨型空心方块边长 13 米、高 3 米,俨然一座占地面积 169 平方米的小房子。

在整个建设大连新港的过程中,邱大洪始终坚持一丝不苟的科学精神,严格遵循施工规范,这一切对于保证施工质

### 洪流向海  波浪情缘——邱大洪传

量都极为重要。在浇筑混凝土时,为保证质量,需要用淡水来搅拌,这是常识。但为了赶进度,淡水不够的时候,有人主张用海水。他们也许不知道,海水中有大量盐分,对混凝土内的钢筋有腐蚀作用,会导致其耐久性差,会减少结构的使用寿命。邱大洪及时制止了这种危险的主张。吊装大混凝土方块的吊钩必须使用不易断的脆钢,而有人却提出使用硬钢。这也被邱大洪制止了,否则就可能酿成大祸。

这座油港年输出能力为1500万吨原油,具有同时停靠10万吨级和5万吨级油轮能力的离岸式码头,于1976年"五一"建成,气势非凡,蔚为壮观。投产3年半,就收回了建港的全部投资,为国家创造了大量外汇。邱大洪主持撰写了关于这项工程设计和研究的学术报告,报告在澳大利亚召开的第17届国际海洋工程学术会议上宣读后,获得了国外有关专家的高度评价。

18年后的1994年,为适应形势发展的需要,邱大洪又主持了该码头的技术改造设计。在增加少量投资的基础上,将10万吨级油轮泊位改造成可停泊15万吨级油轮和乘潮减载停泊20万吨级油轮的泊位,将5万吨级油轮泊位改造成可停泊8万吨级油轮的泊位。

建设大连新港这段历史给邱大洪留下深刻印象。20世纪90年代他曾这样总结:"1973到1976年我们又承担了我国第一座现代化原油输出港——大连新港的设计任务。当时我参加了港址选择、方案设计、扩初设计到施工图设计的全过程,并任施工现场的设计代表。这是我国第一个10万吨级油轮靠泊的离岸式码头,在国内首次采用多项新技术。为

### 大连新港工程设计

解决技术和施工上的难题,我们吃在工地、住在简易工棚,苦干了3年,突破了一个又一个难关,解决了圆形沉箱制造水上接高、倾倒拖运、数百吨重巨型方块建构等一个个当时难以解决的关键技术问题,开创了我国建港史上的先例。"①

庆祝大连新港投产大会会场

---

① 《努力为祖国开发海洋的科教事业做出贡献》,邱大洪手稿,写于20世纪90年代。

洪流向海　波浪情缘——邱大洪传

## 港湾的守望

今天,当人们看着繁忙的大连新港,有多少人知道当年的鲇鱼湾曾是一种什么样的景象?那是一片荒滩,滩上只有一个小渔村,没有公路,只有马车可以出入。

在一个荒滩上迅速建成大连新港,不知凝结了多少人的心血。这其中,有交通部和大连市委的领导,有大连市30多个工厂的共同协作,有人民子弟兵雷锋班所在团的功绩,也有大连工学院教师和学生们的努力和智慧。

为了国家和人民的利益,钱令希、邱大洪等科技人员不知克服了多少艰难困苦,经历了多少曲折坎坷,顶住了多少舆论压力。他们凭着非同寻常的勇气、惊人的毅力和自强不息的精神,战胜了各种困难,终于提前完成了周恩来总理的指示。

在此期间,钱令希、邢至庄、邱大洪等科技人员首先面临着来自政治方面的压力。当时正值"文化大革命"后期,尽管他们在政治上的处境并不顺畅,但他们始终坚持科学精神,遵循施工规范,坚持一切以实事求是为出发点,从不迷信于前人的结论。大连新港工程开始不久时,大连工学院与全国教育界一样,也开始批判所谓的"修正主义回潮",钱令希、邢至庄、邱大洪等科技人员按部就班地工作。他们在歪风邪气中仍一如既往,坚持自己的理念:学校是育人的地方,学生不学先进知识怎么行?问题倒是应该怎样去学。老院长屈伯川也一而再、再而三地嘱咐他们:"技术是来不得半点虚假的,无论如何要避免出差错,一定要把这个'争气港'建好。"在老院长的鼓励下,钱令希、邢至庄、邱大洪等科技人员在艰难困苦的环境里,坚定毅力和信心,继续工作、继续探索,一往无前。

他们面对的另一个困难是极其艰苦的工作环境和条件。

为庆祝大连港新港建成投产20周年而出版的《辉煌的历程》一书,曾做过这样的记述:"在设计过程中,全体设计人员夜以继日,反复查阅国内外资料和各种标准,尽最大努力使设计先进且经济合理。设计者为此项工程耗费了大量时间和心血,时间紧、任务重,设计人员采取边设计边施工的办法,风餐露宿,整月在工地与施工人员一道吃住,使设计工作进度快,质量高。"

当钱令希、邢至庄、邱大洪等建港人员从四面八方集中到鲇鱼湾时,这个小渔村民众的食用物品顿显奇缺。淡水要到20千米外的金州去拉,而且仅够做饭和饮用,洗脸水都非常紧张,更别说洗澡了。蔬菜要翻山越岭到50千米外的大连市内去采购,而且还是限量供应。伙食定量,每人每月三两油、半斤肉,能吃上一碗饺子就像过年一样。住的是无法保暖的帐篷,而且拥挤不堪,只能倒班施工,轮流睡觉。

上万人的施工队伍中,许多人都认为钱令希年龄较大,身体不好,应该给点特殊的待遇。可是环境如此艰苦,再好的待遇也好不到哪儿去,何况钱令希还离不开一线的焊接工人。他把自己视为工人,与他们共同吃几分钱的咸菜,节约每一杯水,住在冬天冷得令人瑟瑟发抖、夏天蚊虫滋生的工棚。有人劝他:"钱先生啊,您是南方人,吃不惯东北的粗粮,

洪流向海　波浪情缘——邱大洪传

细粮还是留给您吃吧。"钱先生风趣地说:"我早就是东北人了,吃不惯细粮。"

设计大连新港百米跨度空腹桁架全焊接钢栈桥

　　老师以身作则,学生也严格要求自己。为建设大连新港,邱大洪始终废寝忘食地工作在工地第一线。他的许多同事都没有忘记:当他们深夜里一觉醒来的时候,看见邱大洪仍然躬身伏在图板上,在灯下忙碌着。那时的条件很艰苦,设计室就在一座普通的民房里。大冬天,屋里只有一个烧煤取暖的小炉子。房子门窗漏风,屋里特别冷,晚上睡觉要把棉衣棉裤都盖到身上,头上还要捂上棉帽子,一钻进被窝就不想再出来。

邱大洪也是南方人。在那样的情况下,他仍然孜孜不倦地工作着,冷了用嘴哈哈气暖暖手,饿了就啃上两口当时用三角钱夜餐费买到的干干巴巴的饼干。手被图板挤伤了,也没有阻止他的工作热情。那时他很清瘦,有人称他是体重不过百斤的男子汉。此时的邱大洪心中想得更多的是码头的选址、造型、总体结构设计和施工现场千头万绪的事情。他在以一种奋不顾身的拼搏精神去创造未来。

"艰难困苦,玉汝于成"。钱令希、邱大洪等科技人员争分夺秒,艰苦奋斗,仅用了19个月的时间就完成了从港址选择、水文气象资料分析,到重大项目的研究设计任务,为大连新港的建设做出了不可磨灭的贡献。

英雄存在于历史中,也存在于人民心中,人民永远不会忘记历史,也不会忘记英雄。在中华人民共和国成立60周年之际,为铭记在各个历史时期为国家、为大连的解放、建设和改革挥洒青春、热血、汗水甚至献出生命的人们,为进一步弘扬民族精神、时代精神和大连城市精神,大连市委宣传部牵头策划了"新中国60年大连英模谱:大连不能忘记"主题宣传活动。经过社会推荐、群众评选、专家评议,遴选出60名先进典型人物和三个先进集体,钱令希和邱大洪师徒二人同时入选。大连市作家、诗人张嘉树创作了《港湾的守望》一诗,歌颂邱大洪为大连港口工程建设做出的贡献。

洪流向海　波浪情缘——邱大洪传

## 港湾的守望
### ——致邱大洪

一个渔港，一个油港
那是你的作品让世人欣赏
那样畅通，那样开朗
大连和世界在这里联网

你的构思是如此的巧妙
你的心胸是如此的宽广
但你说你只是做了该做的事情
你不愿意抛头也不愿接受采访

于是鱼在蹦跳，油在流淌
大连和世界交流着思想
于是鸟在高飞，楼在成长
世界向大连热情地鼓掌

你是诗人，你让实验室插上翅膀
你是神医，你让不规则波变得豪爽
你是将军，口岸就是你胜利的疆场
你是老师，你最关心的是学生的成长

你的作品就是你自己啊
高耸的码头是你的肩膀
你敞着胸怀，看着世界
成功和快乐在你心中来来往往

# 海洋平台工程设计

## 沉浮式海洋平台

1964年1月,根据国务院在天津设立"华北石油勘探指挥部"(天津大港石油管理局前身)的通知,来自大庆油田的勘探会战先遣队来到天津。他们进驻天津北仓,利用原天津钢厂的旧厂房作为工作和生活的驻地。1964年12月,位于大港地区的港5井喷油,宣告了大港油田的诞生。由于当时华北勘探石油指挥部的名称还没有公开,按照大庆油田军事化的要求,对外只称代号"641厂"(意味着1964年1月建立)。641厂里有个501研究所,负责开发渤海的海上油田。

20世纪50年代末,当时的石油部已将目光投向海洋。1966年,中国第一座海上平台在康世恩的直接指挥下矗立在渤海湾。1969年初,当"海2井"开钻之际,一场罕见的特大冰灾突然袭来,2号平台被巨大的流冰无情地推倒。石油部领导意识到,投资巨大、风险极高、技术密集的国际海洋石油勘探开发事业是一项新挑战,要采用新的办法,走出新的道路。

在2号平台被流冰推倒后不久,中国海洋石油总公司负责人来到大连工学院,请求派人到他们的501研究所帮助建设海洋平台。大连工学院领导委派章守恭[①]、钱令希、邱大洪等到501研究所。此时的邱大洪正在庄河县青堆子学校的学

---

[①] 章守恭(1910—1984),江苏省吴县人,我国著名土力学、地基基础工程专家。1931年毕业于南京中央大学土木系。1949年4月起任教于大连工学院,长期担任水利工程系土力学及工程地质教研室主任和大连工学院学术委员会副主任。

洪流向海　波浪情缘——邱大洪传

农基地种水稻。接到通知后,他不由分说,收拾行装,很快就来到实验现场。

邱大洪在实验现场工作了一年多时间。在这期间,他走遍了所有的实验场地,一边开展实验,一边研究设计,在实验现场与同事们同吃同住,夜以继日地工作。

与邢至庄教授一起研究设计我国第一个钢筋混凝土海上采油平台

邱大洪是一个非常注重调查和实践的人。尽管他学识广博,业务基础知识扎实,但从不自满,从不满足于从经验出发,而是从实际出发开展工作。他每接受一个新的课题,都喜欢从搜集资料入手,掌握的资料大都是现场科学实验的第一手资料。这一次接受海洋工程平台设计任务也是如此,他整理的资料详尽、可靠,有说服力,能解决具体问题。邱大洪参与了新型沉浮式海洋平台的设计工作,并着力于研究风、浪、冰等多种载荷对海工建筑物的作用,提出了设计中可采用的科学方法。

## 钢筋混凝土海洋平台

邱大洪开始接触海洋平台研究工作时,适逢石油部提出要开发钢筋混凝土海洋平台。值得一提的是,1969年邱大洪在"823"工程中就开始研究坐底式混凝土平台方案。1977—1979年在渤海石臼沱试验区,邱大洪等人与原海洋石油勘探指挥部(现中国海洋石油渤海公司)合作进行了独腿六罐多用混凝土平台方案设计。当时的石油工业部和国家经委重大装备部明确提出,要研究一种在海上能集钻、采、贮、输于一体的装置。邱大洪敏锐地感到这是一个申请课题的好机会。于是,他就向学校科研处建议到教育部申请课题,他的建议立刻得到了学校认可和支持。

从课题申请到批准期间,邱大洪花费了很多心血。他在申请报告中提出了很多很好的建议,为"六五"国家科技攻关项目审批做出了很大贡献。

钢筋混凝土海洋平台是一项技术复杂的攻关项目,在邱大洪看来,光靠学校自己的力量申请不到这个项目,也不能

## 洪流向海　波浪情缘——邱大洪传

获得教育部的批准。他经过一番调查和研究后,找到海洋石油总公司申请联合立项,对方欣然同意。项目批准后,邱大洪认为,海上混凝土平台的研制是一项技术密集型工作,需要多方面技术研究工作的配合,而且这也是一项实际的设计工作,需要有建筑设计、工艺设计和施工等方面的协调才能顺利完成。于是他进一步提出主要概念的设计工作应由几个学校联合开展,按照统一的计划共同完成设计工作,解决关键技术问题。

在他的建议下,1983—1985年国家教委组织大连工学院、清华大学、天津大学、同济大学及华南工学院五所院校,与中国海洋石油总公司海洋石油开发工程设计公司合作,由大连工学院牵头,联合国内有关设计和施工单位,针对南海北部湾涠11-1油田工况,完成了混凝土多用平台的概念设计,并做了大量的试验研究和计算工作,初步论证了我国海上采用混凝土平台在技术上、经济上的可行性,证明了发展钢筋混凝土海洋平台符合我国国情。邱大洪主持完成了项目申报。

邱大洪提出了许多新的思想和方法,完成了设计方案。该方案的最大优点在于:在一个平台上完成钻井、采油、处理、储油、系泊油轮装载及生活等多种功能,取代通常要为钻井生产、储油和输油分别设置的三个设施,不需要铺设海底管线,在遇到冰情和台风时可不关井不停产。大部分工程用材可以使用国产材料和地方材料,降低工程造价。平台设备在一地使用后,可将其起浮,再拖运至其他地方使用。根据海洋石油开发设计公司对本可行性研究的测算结果,在涠

11-1油田采用本方案,盈利率可达17.6%,利润投资比为0.7:1,投资回收年限4年,油田纯收益1.28亿美元。在我国海上油田的开发中,在发展钢平台的同时,积极发展钢筋混凝土平台,是一条适合我国国情的开发海上油田的技术路线。

# 联合设计组组长

教育部经审定申报书后,任命邱大洪担任大连工学院、清华大学、天津大学、同济大学、华南理工大学的联合设计组组长。邱大洪组织了很多人,找了很多施工单位。混凝土平台上的工艺设计由海洋石油总公司负责。混凝土平台的下部分隔为几个空舱,每个空舱可用于储油。当所有储舱都空时,平台所受的浮力足以使平台浮起并处于悬浮状态。当平台工作时,必须使平台稳固地"坐"在海底,储舱成了油库。在储油前储舱内注满海水,采油后用油把水置换出来。

完成油水置换的工艺是要费一番功夫的,国外油的品质跟我国的不同,它们的凝固点比较高,我国的油凝固点比较低,必须加热后才能将油抽出来。另外,国内的油含硫量高。为做好油水置换实验,邱大洪的同事到湛江海里去做实验,并且咨询了很多施工单位。整个可行性研究过程中,邱大洪组织了各方130多名技术人员共同攻关,保证在储油和输油过程中油水可以互相置换,这样就可以保证混凝土平台有足够的稳定性。

在攻关期间，邱大洪建立了严格的例会制度，每个月开一次会。他主持会议有两个特点。第一，任何问题都不能一言而定，一定要让大家放开讨论，每人都充分发表意见。跟他开会的人，心情都特别好，不会觉得压抑，大家彼此启发，气氛很和谐。第二，不管是对上级领导还是对课题组全体成员，都是由他亲自汇报，汇报资料他自己做，每个字、每张图片都由他自己准备，不会让助手代劳。汇报整个框架都由他进行设计，涉及他自己负责的部分，他一定自己动笔。攻关期间，他一直坚持不断查阅、积累学习关于钢筋混凝土方面的业务知识，凡是有关这方面的资料，需要时他马上可以查到。

邱大洪要求每个参加攻关的学校都有一个负责人来承担这个项目，并派出具体的设计人员共同组成一个联合设计组。具体的设计工作基本上是由邱大洪领导各校派出的设计人员共同完成的。除此之外，邱大洪还协调各学校的关系，将其他工作责任明确，分工到家。比如土力学的实验，他责成同济大学完成。清华大学、华南理工大学组成了一个领导小组，制订实验计划，安排实验项目，组织好人力完成这方面的工作。

在整个攻关期间，他成功地主持、组织了139名教师和工程技术人员进行了14项专题实验研究，编制了17项专用计算机程序，解决了一系列关键技术问题，组织完成了扩初设计，主编了6册可行性研究报告。他们提出的钢筋混凝土多用平台结构在国家教委科技司组织的鉴定中被认为属于国内首创。

在邱大洪牵头和主持下，针对南海北部湾某油田"钢筋混凝土多角平台可行性研究"，设计组从外荷载、结构、施工方法等多方面展开，于1985年完成方案设计，获国家教委科技进步一等奖。《高教战线》曾发表文章介绍这种发扬高校优势联合攻关的经验。文章指出："这次联合设计发挥了高校学科齐全、人才荟萃的优势。大连工学院海洋工程所更是发挥了骨干作用。在主体分析中的一些关键问题上，应用了大工及兄弟院校的科研成果。设计组的成绩，为高校在经济建设中承担重大任务争得了良好的声誉。"

也就是这一段工程实践，使得邱大洪开始了对新的学科领域和方向的研究探索。他曾经做过这样的回顾："70年代初，我国海上采油事业蓬勃兴起。1971年我在塘沽参加海上油田建设的工程实践，认识到海洋环境条件的复杂多变，开始了我在海洋环境荷载方面的研究工作。从此，我的理论研究和工程实践从海岸工程拓展到近海工程的领域。1983年，为开发我国南海北部湾石油资源做前期工作，探索在我国建造钢筋混凝土平台的可行性，我主持了原教育部组织的五校联合设计组，承担了'六五'科技攻关任务'混凝土多用采油平台的可行性研究'项目，在各校和工程单位的100余名同行们共同努力下，较好地完成了任务。该项研究1986年获国家教委科技进步一等奖。这充分说明了在重大的科技工作中发挥集体智慧和力量的重要性，而个人只有在集体之中才能更好地发挥作用。"[1]

---

[1] 周美鑫.科学家寄语下一代.大连：大连出版社，2002：403.

# 波浪理论

## 波浪理论

大连理工大学曾总结过本校在教学、科研和生产(社会实践)方面的经验:"如果说1949年建校和1951年院系调整后,我们主要是学苏、仿苏的话,那么从1958年起,就是试图创造自己的特色了。在此期间,全校师生员工热情很高,积极探索教学改革的路子,创造了教学、科研、生产(社会实践)三结合等新鲜经验,全校同时增设了一批新的学科和专业,这些无疑都为今后的发展奠定了良好的基础。"[1]

邱大洪自1951年来到大连工学院(现大连理工大学)后,坚决响应国家和学校的号召,坚持走教学、科研和生产相结合的道路。他在浅水波浪理论和海岸结构物波浪力计算等领域取得了一系列开创性的研究成果,同时他也十分重视将理论方法与工程实践相结合。他的理论贡献为我国海岸工程的设计提供了科学依据。下面我们分三个主要研究方向进行阐述。

## 浅水区非线性波浪理论

我国海岸工程的设计标准长久以来一直基于微幅波理论。微幅波呈正余弦函数形式,波浪的峰值和谷值关于水面对称。但邱大洪在工程实践中发现,微幅波理论主要适用在水深相对较大的海域,当波浪传播到浅水区域,受水深和海

---

[1] 大连理工大学校史编写组,孙懋德.大连理工大学校史(1949—1989).大连:大连理工大学出版社,1989.

## 洪流向海　波浪情缘——邱大洪传

底摩擦的影响,波浪形态将发生改变,波浪峰值逐渐变得"陡峭",波浪谷值变得"平坦"。这种波浪的截面形态可以用雅克比椭圆函数来描述,因此又称作椭圆余弦波。邱大洪对椭圆余弦波产生了极大的兴趣,于是开始着手研究椭圆余弦波的工程应用。

1989年,邱大洪申请了关于"浅水区非线性波浪力学"的高等学校博士学科点专项科研基金。他将这个专题的研究分为四个方面:①浅水区单墩水平非线性波浪力;②浅水区墩群水平非线性波浪力;③浅水区单墩底部非线性波浪渗流力;④浅水区墩群底部非线性波浪渗流力。针对这四个专题,邱大洪制定了以理论研究为主、实验研究为辅的总体研究路线。

在理论研究方面,他将工作进一步细化为:"对波浪理论采用椭圆余弦波理论,将椭圆余弦波展开为三角函数级数形式,先求得非线性波浪对单墩的作用力,以此为基础,用Bessel坐标变换求得墩群上的非线性波浪力。墩底部波浪渗流力涉及土介质—波浪—墩的相互作用,比较复杂,拟采用Biot方程作为土介质的控制方程,首先求得单墩底部的非线性波浪渗流力,再采用Bessel坐标变换来考虑墩与墩之间的相互影响,求得墩群底部的非线性波浪渗流力。"[①]

在实验研究方面,虽然当时邱大洪的实验室里有一台引进的造波机,但造波机操作软件并不具备产生椭圆余弦波的功能,这给实验研究带来了困难。于是,邱大洪责成实验室

---

[①] 邱大洪访谈录,2016年7月12日,大连。资料存于北京理工大学"老科学家学术成长资料采集工程馆藏基地"。

人员研制可以生成椭圆余弦波的造波软件,将新研发的造波软件用在造波机的控制上,生成了标准的椭圆余弦波浪。除生成椭圆余弦波的造波机外,邱大洪的实验室里还有许多先进的实验仪器和设备,有进行二维试验的波浪水槽,有进行三维试验的波浪水池,有自制的渗透流速仪、三轴超声流速传感器、孔隙水压传感器、绘图仪等。在实验人员构成方面,邱大洪成立了专门负责该课题研究的团队,几经斟酌和筛选,最终确定了以学术带头人牵头,由青年科研人员、博士生、硕士生和实验技术人员等组成的研究团队。研究团队的成员是:李木国,工程师,自动化专业;王永学,讲师,博士生,海岸工程专业;孙昭晨,在职博士生,海岸工程专业;李藜,助教,海岸工程专业;贾影,助教,海岸工程专业;潘宏禹,博士生,海岸工程专业;孙娥,助理工程师。由于团队设置合理,实验研究得以顺利进行。

经过两年多的努力工作,邱大洪带领他的课题组完成了椭圆余弦波作用下单墩上的水平波浪力、墩群中各墩上的水平波浪力、单墩墩底波浪渗流力、墩群内各墩墩底的波浪渗流力四个方面的理论研究。由于基于椭圆余弦波的理论研究成果比较复杂,工程技术人员难以直接应用,因此邱大洪归纳了一套工程中实用的图表计算方法,并将方法推荐到交通部的规范中。邱大洪整理的图表计算方法,深入浅出地将复杂的理论表述出来,十分通俗易懂,给工程技术人员带来了极大便利。除理论研究成果外,邱大洪带领课题组对上述四个研究方向均进行了物理模型实验的验证,实验结果与理论计算吻合良好。

当时，这个课题的研究成果处于国内领先水平，在国外同类研究中，对于墩柱下海床内由于椭圆余弦波引起的渗流场的研究还未见相关报道。大连工学院对此项课题研究给予了极高的评价，学校认为，"邱大洪课题组研究的非线性波浪问题是当前国际上水波动力学研究中的前沿课题，本课题对浅水区圆墩的非线性波浪力进行了系统研究，取得重要进展，并在理论上和工程实际上都有重要意义。这些成果处于国内领先水平，有关墩柱下海床内的波动渗透场研究在国外也未见报道，部分成果即将被纳入交通部有关工程技术规范，在今后工程实践中将起到指导作用。"

## 随机波浪理论与应用

关于海浪的随机性，邱大洪是国内最早的研究者之一。20世纪50年代，在苏联专家指导下，邱大洪在学校港工实验室的小港池原址里建造了规则波造波机。据邱大洪的学生王永学回忆："海动实验室的前身是港工实验室小港池，当年邱老师用在设计鲇鱼湾油港时得到的设计费，建了这样一个实验室。"[①]

虽然规则波造波机已具有一定工程实践和科学研究的能力，但邱大洪对此并不满意，他认为按照波浪发展的历史，

---

[①] 王永学访谈录，2016年8月12日，大连。资料存于北京理工大学"老科学家学术成长资料采集工程馆藏基地"。

## 波浪理论

线性波是从理论上去研究波浪的,把它看作正弦函数或余弦函数,波动是规则的,波高和大小周期都是不变的,但实际上大海上波浪是变化的,也就是波动不规则性。这种大小不规则性对港口工程,或是海上一些建筑物的作用是有影响的。它不是一个单一的周期,这里面包括了很多不同周期的波浪,如何去描述波浪的不规则性,还需要做一些系统的研究。

1978年,在全国科学大会闭幕后不久,邱大洪抓住时代机遇,开始研究随机波浪。他带领课题组在港池里研究随机波浪模拟设备,派人到北京购买造波控制机并学习使用。那时候我国计算机发展水平比较落后,计算机体积庞大,也比较笨重,但就是在这样艰苦的条件下,邱大洪开始了关于"随机波浪理论与应用"课题的初期研究。

关于这部分工作,邱大洪曾做过这样的回顾:"当我把我这一阶段的研究方向集中在波浪研究后,随着知识面的扩展,海浪的随机性、复杂性展现在我的面前。这时我一方面在理论上研究不规则波的机理及其随机性和统计特性;另一方面,我又想到如何能在实验室中对不规则波进行实验研究。那时我们实验室的设备落后,国外的实验室都有先进的不规则波造波机。我们既无技术,又无资金,但是我想到了在我们为大连鲇鱼湾油港设计做出贡献时,大连港给我们建造的实验室内的规则波造波机。在造波机的冲程固定中,当造波机的电机转动频率不同时,得到的波高是不同的。我就想如果设想我们对造波机电机的转动频率能进行控制,是不是也可以造出我们所需要的不规则波?我把这个想法和实验室内懂得机电控制的工程师李木国共同讨论,他认为这个

## 洪流向海　波浪情缘——邱大洪传

想法有可能实现,这样我们就一起进行实验研究。最后,实现了我们的调频式不规则造波机的设想,填补了当时国内不规则波实验研究的空白。"[1]

但是经过一段时期的研究后,邱大洪发现购买的这台机器无论从功能上还是其他方面,都已经远远满足不了科研实验的要求。为进一步深入研究随机波浪理论,邱大洪决心从国外引进造波设备。1984年,他从美国MTS公司引进一台世界上先进的液压不规则造波机,当时这台造波机的价格是43万美元(当年1美元折合2.8元人民币)。1988年,邱大洪又利用国家重点实验室建设经费引进了AOC多向不规则波造波机。

在实验室指导学生进行造波试验(摄于1987年)

---

[1] 《科研实践方面的成长过程》,邱大洪手稿,2014年12月。

利用这些仪器，邱大洪开始了对随机波浪理论的深入研究。他在研究中发现，在随机波浪作用下，海上结构物的波浪力情况与规则波浪作用下差别较大，需要提出基于随机波浪理论的工程波浪力计算方法。于是，他将统计理论方法应用到对海浪波面的分析中，并研究了不规则波浪作用下柱、柱群、墩、墩群等海工建筑物的波浪力，给出了在工程上简易可行的不规则波浪力计算方法，为行业规范做出了重要补充。邱大洪的同事柳淑学教授这样评价："我们国家大概是在20世纪70年代开始，进行大量关于不规则波和结构作用或是本身不规则波的描述方法的一些研究。这些描述包括用统计参数、统计分布等对海岸工程结构的作用进行理论分析，分析不规则性对波浪和结构作用的影响等。邱大洪教授陆续组织建造了一些能产生不规则波的造波设备，开展了不规则波浪和结构物作用的研究，尤其是在墩、不规则波浪和墩群作用方面，取得了很好的成果。"

邱大洪将海上工程波浪力的计算方法分为以下六个方面进行研究：第一，大直径圆柱墩上的非线性波浪力；第二，大直径圆柱墩群上的波浪力，墩群周围的波面高程和海底流速分布；第三，大直径圆柱墩群上的不规则波浪力；第四，小直径墩柱上不规则波作用下的正向力；第五，小直径桩柱上（规则波与不规则波）波浪作用下的横向力；第六，双桩上不规则波浪力的实验研究。

经过两年多的研究，邱大洪共有5篇论文发表在《海洋学报》（中、英文版）及《海洋工程》（英文版）上，其中3篇在第五届、第七届国际近海力学及极地工程学术会议论文集上发表。邱大洪等关于《海上工程波浪力的计算方法》的研究，大连理工大学组织的专家组给予极高评价，他们认为，"本研究成果对海洋工程中常见的桩、墩结构在波浪作用下的波浪力计算方法进行了内容广泛、深入、系统的理论分析和试验研究。对大直径圆墩的非线性波浪力的研究，在处理非线性自由水面边界条件下有所突破，具有学术意义和实用价值。群墩结构的数学模拟对于开敞式码头的设计工作极为有益。对群墩上不规则波浪力的分析，使群墩系数更符合实际，有重要的实践意义。桩柱不规则波浪力的试验研究得出了单桩、双桩上正向力和横向力等很多新的成果，使不规则波的试验技术、分析处理和工程应用方面都有较好的发展。特别是对横向力和正向力合力的研究在国内是首次，具有很好的前景，所提出的估算方法有实际意义。综上所述，本研究成果在学术上和实际应用上均有重要的意义，研究水平处于国内领先地位，在国际上也属先进水平"。

另外，学校还组织了谢世楞（中国工程院院士）、余广明、赵子丹、李玉珊等专家对这项工作进行同行评议。谢世楞的评语非常有代表性。

他认为："对于海上建筑物来说，波浪力是决定性的外荷。本研究成果包括大直径单墩上的非线性波浪力；群墩上的规则波和二维不规则波的作用力；小直径单桩和双桩，在规则波和二维不规则波作用下的正向力和横向力。共包括6篇论文，3篇有关大直径墩的论文主要是理论研究成果；3篇有关小直径桩的论文主要是试验研究成果，内容十分广泛深入，无论在学术研究，还是在实际应用方面均有重要的意义。

非线性波浪力问题是理论上比较复杂的问题。本研究中对于圆墩非线性波浪力的求解方法合理。结果表明总的二阶振荡力，对浅水中直径相对较小时以及深水中直径相对较大时，可有较大的影响。文中观点清晰、正确。群墩结构的数学模型，不但可以计算各墩上的波浪力，且可计算存在群墩时的波面高程和海底流速分布情况。对于开敞式码头的设计工作极为有益，而对于群墩上不规则波浪力的分析，使得群墩系数更符合实际。桩柱不规则波浪力的实验研究，充分利用了先进的实验设施和分析方法，得出了单桩、双桩和正向力、横向力等很多新的成果，使得在不规则波的实验技术、

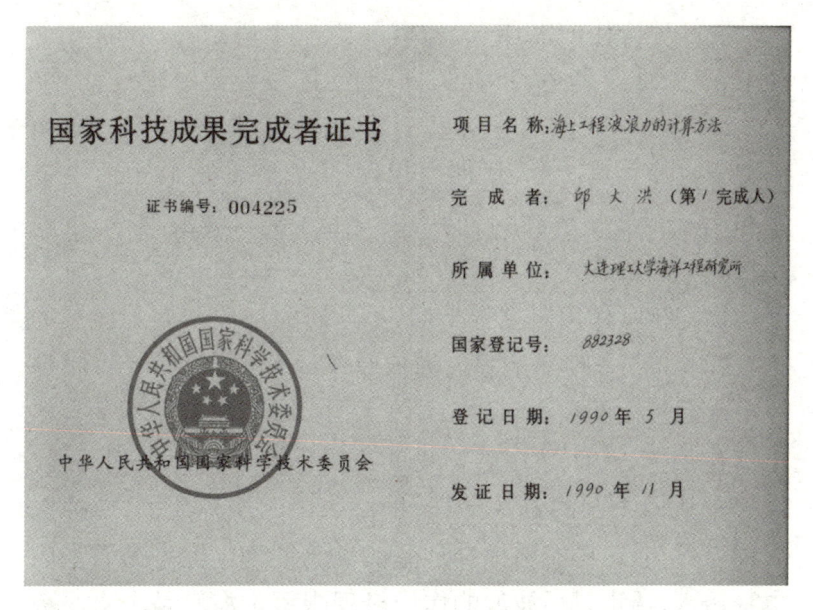

国家科技成果完成者证书

分析处理和工程应用等方面都有相当的发展。总之,在两年之中取得这样广泛而高深的科研成果是难能可贵的。这项成果无疑处于国内领先地位,在国际上也属先进水平,建议申请国家科技成果奖。"

在谢世楞的建议下,邱大洪申报了国家科技成果奖,获得了原国家科学技术委员会颁发的国家科技成果完成者证书。

## 渗流与海工建筑物相互作用

波浪理论往前发展一步,就解除一个假定,或解除一个约束,研究难度就更深一层。早期使用线性波浪理论,后来逐渐发现线性理论不够用了,于是发展了非线性理论,比如椭圆余弦波。再比如,早期使用规则波浪理论,假定前一个波和后一个波是一样的,但后来发展了随机波浪理论,也就是每一个波浪的高度和周期性都是不一样的。波浪与海工建筑物的相互作用研究也类似,早期研究波浪与海工建筑物相互作用时,一般都是假设海底是不透水的,相当于海底是一个水泥板。而在实际的海岸工程中,海工建筑物不是直接坐落在海床上,而是在结构物的位置作为一个海底基础,就像火车轨道下面的石头一样,把海底下的淤泥挖掉,挖掉以后铺上石头,这样能够提高地基的承载能力。但是抛石基床本身透水,透水以后波浪的作用机理跟假定海底是个水泥板就不一样了。

## 波浪理论

邱大洪意识到,"波浪荷载是重力式海工建筑物的主要荷载。波浪对重力式海工建筑物的作用主要有两部分:一是直接作用在建筑物上的波浪力,一是波浪在海床内引起的渗流对结构物埋入海床部分边界的作用力。前者已得到学术界广泛的研究,并已给工程界提供了许多可供应用的计算方法,后者的研究在学术界是近十年才开始,而在工程界则大多采用根据判断而提出的经验计算方法,缺乏理论依据"。于是他开展了一系列关于渗流与海工建筑物相互作用的研究。

邱大洪在实验现场指导数据采集

1991年,为了做好这项研究工作,他以"重力式海工建筑物底部波浪浮托力"为题目,向国家自然科学基金委员会申请立项研究并获得了批准。

邱大洪带领他的课题组经过两年的努力工作研究出如下成果:

(1)圆柱墩下有限厚度和无限厚度海床内的波浪渗流场和墩底浮托力的解析解;

(2)三维任意形状重力式建筑物下有限厚度海床内波浪渗流场和建筑物底部浮托力的有限元数值解;

(3)墩群下有限厚度海床内波浪渗流场和墩底浮托力的有限元数值解;

(4)直立堤下有限厚度和无限厚度海床内波浪渗流场和堤底浮托力的解析解;

(5)直立堤下有限厚度海床内波浪渗流场和堤底浮托力的有限差数值解;

(6)圆柱墩下埋于可渗可压缩海床内的抛石基床内的波浪渗流场和墩底浮托力的解析解;

(7)圆柱墩下埋于无限厚度可渗可压缩海床内的抛石基床内的波浪渗流场和墩底浮托力的有限元、无限元数值解;

(8)直立堤下埋于可渗海床内的抛石基床内的波浪渗流场和堤底浮托力的有限元数值解;

(9)抛石基床内渗流特性的实验研究。

邱大洪完成这项课题研究后,给上述各项成果课题组都编制了相应的计算程序,对一些工程中常遇到的情况进行了计算分析。计算结果表明,现行技术规范中所采用的经验计算法不尽妥当,他向有关部门提出进行修订和补充。

这个课题的研究在当时处于国内领先水平,在国外同类研究中,像这样系统的研究不多,特别是在海床内埋置有抛石基床的工程情况,未见有研究报道。

对这一研究工作,大连理工大学学术委员会主任钱令希给予了很高的评价:"本课题研究是有关流—固—地基耦合的课题,属于交叉学科,属当前国内外前沿课题。本项目在重力式结构的底部波浪浮托力方面进行了系统研究,取得显著进展,所获成果处于国内领先水平。有关抛石基床的成果在国外也未见报道,这些成果无论在理论上和实际应用上都有重要价值。"[1]

对于"渗流与海工建筑物相互作用"这项研究工作,邱大洪曾做过这样的总结:"这项研究开展了10多年,最后写了一本波浪理论的书,这也是从工程需要来的,很多理论都是从工程实践中得来的。科研跟工程是分不开的,科研中的很多题目都是与工程实践紧密相关的。有的实践已经通过了,但理论还没有证明。往往现在实践做成了,还不能上升到理论高度。现在就要研究它为什么能够做成,下一次就能按这个办法做即可。"[2]

《波浪渗流力学》是国内海岸工程方面研究波浪与基础地基相互作用的经典之作,是本研究方向的研究生和研究人员的必读文献。

---

[1] 大连理工大学档案馆。

[2] 邱大洪访谈录,2016年7月12日,大连。资料存于北京理工大学"老科学家学术成长资料采集工程馆藏基地"。

洪流向海　波浪情缘——邱大洪传

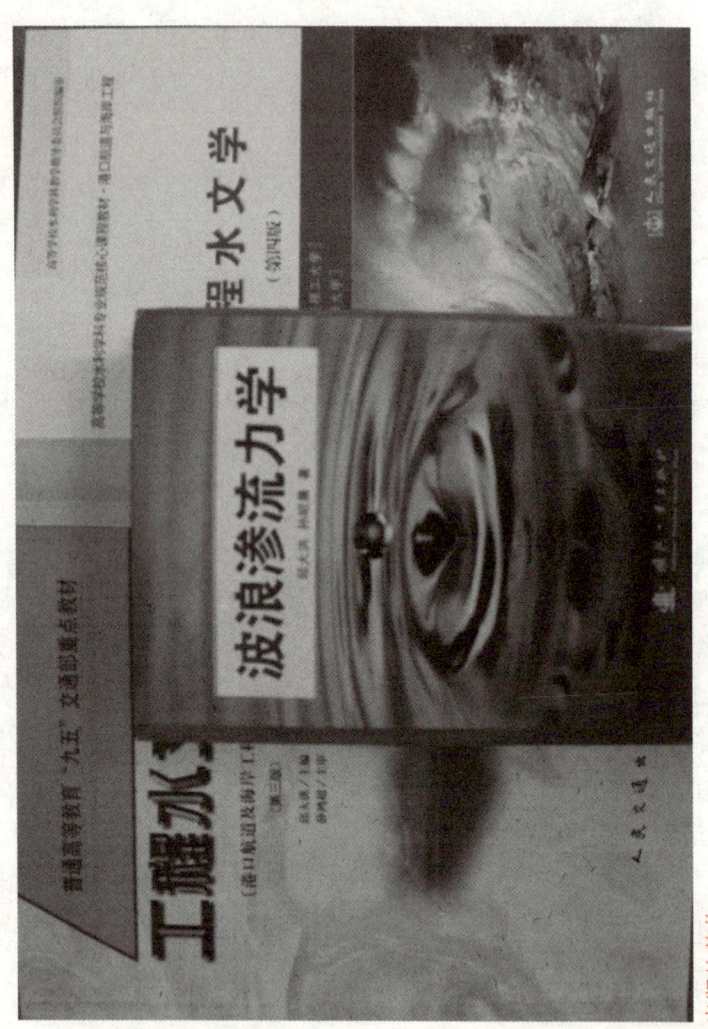

出版的著作

# 创建国家重点实验室

## 从水利馆起步

早在1954年,大连工学院就建成了在当时具有国际先进水平的海洋动力学实验基地——水利馆,分为港工、水工、水力学、水力机械4个实验厅。为了建设这个实验基地,屈伯川院长亲自审阅图纸,深入第一线指导工作。苏联专家拉莱和卡斯巴申在科学技术上给予了指导和帮助,学校后勤部门的同志四处采购仪器设备,仪器制造厂的工人师傅还自制了油压控制式潮汐仪等不少附属设备,土木系的有关教师和教学辅助人员更是昼夜忙碌。由于群策群力,全院重视,这个大型实验基地从开工到竣工,仅用了1年多的时间。这个实验室从实验技术的先进性来说,在当时是全国高等学校中独树一帜的。

邱大洪积极参加这个基地的创建工作。那时候,一般的实验室只能做静力实验,而这个实验室向苏联专家学习,用电容或者电阻的变化来测量水位变化,并引进了一套电测设备。从此,这个实验室便可以进行水动力学方面的研究实验了。

水利馆的港工实验厅,不仅具有240平方米的港工模型实验池、39米长的波浪槽和两个船闸模型实验槽,而且还拥有九线电磁式示波仪等现代化测试系统,是当时具有世界先进水平的海洋动力学实验基地。钱学森1955年12月来到大连工学院参观时,高兴地说:"想不到国内已建立了这样现代化水平的实验室!"为了推广这个实验室在国内较早应用的

## 洪流向海 波浪情缘——邱大洪传

电气测量技术和摄影技术，应有关单位的要求，土木系于1955年还举办了水工实验技术讲习班。参加学习班的有清华大学、天津大学等兄弟院校教师和中国科学院水工研究室、黄河水利委员会泥沙研究所等单位的科技人员，共40多人。

这个实验基地的建成，对促进土木工程系的教学和科学研究工作起到了重要作用。仅港工实验室，到1956年就完成了对国民经济建设有重要意义的多项科学试验和研究，其中包括广东香洲渔港的整体模型试验和防波堤的断面试验，湛江港高桩码头波浪力及护坡稳定试验，大连马栏河渔港航道淤积问题的试验研究等。此外，他们还对意大利热那亚港防波堤破坏的原因进行了试验研究。

邱大洪、李玉成、俞聿修等一批中青年教师在实践中不断学习，不断成长，为整个实验基地的建设做出了很大的贡献。与此同时，也为日后海岸和近海工程国家重点实验室的建设打下了坚实的基础。

1978年，邱大洪就开始对不规则波进行研究，由于这一工作在国内刚刚起步，没有相应的实验设备，当时又无引进国外设备的条件，他就自力更生，提出了改造原有的规则波造波机为调频式不规则波造波机的技术方案，并领导研究室成功地进行了改装，为实验研究创造了条件，培养了一批应用计算机控制造波机的实验技术人员。

大连工学院1980年接受世界银行贷款，为实验室引进了MTS不规则波造波机系统，通过对这套先进设备的运行进行研究，实验室对实验技术的掌握有了进一步的加强，为其后申请建设国家重点实验室打下了扎实的基础。

## 创建国家重点实验室

1986年，邱大洪接受国家任务，在已有工作基础上主持建设海岸和近海工程国家重点实验室。在此期间，他亲力亲为，主持编写实验室建设计划任务书、实验室规划设计、起草引进设备的合同谈判提纲等，并赴国外做设计审查，组织国内配套设备的设计制造。此外，他还具体组织了实验室的基建和设备安装、调试、验收工作，负责制定实验室研究方向，编写基金课题指南，以及建立各项规章制度等工作。

国家重点实验室进行基本建设时，我国的监理制度还没有完全制度化，邱大洪自告奋勇承担起总监理这一职责。施工前，邱大洪认真审读了所有的工程施工图纸，明确了施工过程的主要工艺流程、工程特点，对施工图纸上所存在的异议之处进行记录，然后询问施工人员，直到完全解决。

施工中，遇到困难和问题时，他与施工人员一起研究商量，解决难题。有一次，在施工中遇到了如何解决实验用水的难题。邱大洪提出在实验室地下建一个大型水库，它能够提供所有水池水槽的实验用水，用后返还水库。当时，大连水资源奇缺，如果用自来水，将会给国家造成极大的浪费。邱大洪想出一个办法，将附近的井水引到水池水槽里。这样地下水库必须进行防水处理，不能有任何质量问题，一旦疏忽就会造成大面积的漏水。在做防水处理期间，邱大洪将家搬到实验室，寸步不离实验现场，对所有的施工步骤一一进行检查。他首先检查地下水库地面有无渗漏，集水和排水系统是否畅通，施工质量是否符合要求。发现不符合施工要求的地方，毫不客气，坚决重来。有一次邱大洪在施工现场试水，结果发现水库漏水。他立刻去找工程项目经理和施工人员到现场,没想到他们却都在喝酒。邱大洪严厉地批评了他们,并带他们一起到漏水的地方,直到修好。

混凝土搅拌后有一定的有效期,在有效期内必须浇筑,如果过了有效期还未浇筑,就要重新搅拌,制作新的混凝土浆,而重新搅拌不仅浪费时间、拖延工期,还会造成一定损失。混凝土浇筑后,必须充分进行振捣,使浇筑的混凝土密实,才能保证混凝土的质量。对此,邱大洪有着十分清醒的认识。那一年除夕,已经回到家里过年的邱大洪想起当天还有1方混凝土的浇筑工作未完成,他立刻返回到了施工现场。

来到现场的邱大洪,首先检查浇筑后的混凝土表面和局部有无缺浆、粗糙或有无小凹坑等现象。当他发现浇筑后的混凝土表面有一处出现了麻面和气泡,立刻让施工人员敲掉重打,告诉他们这是由于混凝土浇筑不密实造成的,嘱咐这些施工人员按操作规程分层均匀振捣密实,严防漏振,直到每层混凝土均匀振捣后排出气泡为止。

整个国家重点实验室的基本建设任务艰巨,工程量大,工期较短。由于邱大洪全身心地投入到监理工作中,在整个施工过程中他始终本着严肃认真、一丝不苟的态度,不管多么复杂的工程,他都严格按照施工规范、规程履行职责,控制整个工程质量,他对每一工序、每一环节,做到事前提示,将可能出现的质量问题消灭在萌芽状态,并对可能造成质量隐患的环节事先防范。

进入20世纪90年代,学校科研工作的重要成果当属建设了一批国家重点实验室。继1986年国家批准建设"海岸和近海工程国家重点实验室"之后,学校又相继建成了"三束材料改性""精细化工""工业装备结构分析"三个国家重点实验室,以及"碳资源综合利用"部门开放实验室。以国家重点实验室为代表的科研基地及装备进一步改善,科研经费逐年增长,为学校的科技攻关提供了更为坚实的物质与技术条件基础,使学校的科研能力有了新的提升。

  1990年,由邱大洪教授主持建设的海岸和近海工程国家重点实验室通过国家验收后正式对外开放。这个实验室是为了适应港口与航道工程建设、浅海矿藏特别是石油资源的开发对科学研究提出的越来越高的要求而建设的。它是我国第一个承担海岸和近海工程领域的应用基础研究和关键工程技术研究的国家重点实验室。实验室的新建部分主要是一个建筑面积为3498平方米的实验大厅,大厅中央是长34米、宽55米、水深0.70米(最大水深1.7米)的多功能实验水池,配有从美国AOC公司引进的方向谱造波机(现已被实验室自行研制的具有自主知识产权的方向谱造波机所替代),自行研制的生潮、造流系统,水池上可移动的测量桥、人行桥等系统均由微机控制。大厅内还建有一座长56米、宽0.7米、水深0.7米的波浪浑水水槽,也装备了从美国AOC公司引进的不规则造波机(后来也换装了实验室自己研制的不规则造波机)。实验室还自行研制成功了液压伺服不规则波造波机、激光流场测试系统及500 kN级大型液压伺服静、动三轴仪。实验室水池可模拟产生海浪、海流、潮汐及风等多项海洋现象,拥有大波流水槽、浑水水槽、溢油水槽、海洋环境水槽、电液伺服结构疲劳实验系统、二维水下地震模拟多个实验系统。实验室研制开发的"液压伺服多向不规则波造波机系统"和"基于 PIV 和 LIF 的速度场、浓度场同步测量系统"受到国内外同行的高度肯定,2000 年获得辽宁省科技进步三等奖。

该重点实验室在 1994 年评估中获得好评,被追加了 310 万元的国家重点实验室二次建设经费,使实验室条件得到进一步改善。同时,为上海交通大学、天津大学、河海大学、南京水利科学研究院等兄弟院校、科研单位和本校师生开展了 130 多项国家攻关和自然科学基金等各类课题研究。

1990 年,邱大洪被国家教委任命为国家重点实验室主任,并被国家计委、国家教委和中科院授予国家重点实验室建设先进工作者称号。1994 年,他改任国家重点实验室的学术委员会主任。海岸和近海工程国家重点实验室又分别在 1994 年、1997 年、2003 年、2008 年、2013 年和 2018 年通过了评估。经过 20 多年精心打造,实验室研究、试验水平得到国内外学界的高度肯定,达到国际一流水平。

大连理工大学十分重视通过与国外大学、科研机构开展交流合作,促进重点实验室科研工作,促进高层次人才培养。海岸和近海工程国家重点实验室的发展,就是建立在重视广泛的、有效的国际合作交流基础上的。他们请进来、走出去,与英国水力研究公司、英国爱丁堡大学、日本东京大学、比利时列日大学等均开展了广泛的国际合作与交流,有力地促进了实验室建设。该实验室与英国水力研究公司的第一个 3 年合作计划始于 1989 年。当年 10 月,该研究公司总裁威尔博士来校商议波浪水流相互作用等 3 项科研合作项目。该研究项目得到英国文化委员会的资助,并于 1991 年底圆满结束。

创建国家重点实验室

海岸和近海工程国家重点实验室评估会(1994年1月)

1991年12月,威尔博士再次来我校访问,又与该实验室签订了海洋环境污染问题及系泊船的非线性动力响应的合作研究协议,继续得到了英国文化委员会的资助。通过合作研究,该实验室在近海水域三维水动力学和水质精细模拟领域取得了具有国内领先、国际先进水平的研究成果。在合作研究过程中,该实验室先后派出滕斌等10位青年教师到英国水

153

力研究公司开展研究工作，他们回国后都成为实验室的学术骨干。英方也先后多次派人到实验室进行学术交流与合作。由于双方合作成果显著，该实验室与英国水力研究公司又得到英国文化委员会的资助，并从 1995 年起进行了第三次有关港口发展对环境影响的合作研究项目，这在英国文化委员会所资助的合作项目中是唯一连续资助三次长达 9 年的中英双方合作项目。

2017 年，由海岸和近海工程国家重点实验室牵头，大连理工大学"海洋油气工程国际合作联合实验室"项目获批立项建设。国际合作联合实验室计划自 2014 年起由教育部组织实施，是《国家中长期教育改革和发展规划纲要（2010—2020）》确定的重大项目，旨在加强与国外高水平大学合作，建立教学科研合作平台，联合推进高水平基础研究和高技术研究，提高创新人才培养质量，提升高校原始创新能力和国际学术声誉，加速世界一流学科和世界一流大学建设。2017 年，教育部发布了《关于"转化医学与临床研究"等国际合作联合实验室立项建设的通知》（教技函〔2017〕52 号），该联合实验室是此次获批的 24 个国际合作联合实验室之一，也是大连理工大学首个获批立项建设的国际合作联合实验室。

大连理工大学自 2015 年开始进行海洋油气工程国际合作联合实验室的培育建设工作。2017 年，经教育部组织的专家组初评、现场考察、综合评议等，该实验室正式获得批准立项建设。联合实验室的获批将进一步扩大大连理工大学在国际海洋工程领域的影响，提高学校国际交流与合作的能力和水平，助力大连理工大学"双一流"建设。

海洋油气工程国际合作联合实验室,采用"2+2"模式组建,主要依托大连理工大学海岸和近海工程国家重点实验室和西澳大利亚大学海洋基础研究中心,同时联合两个海洋工程企业——中国海洋石油总公司、澳大利亚伍德赛德石油公司将其作为协作成员。实验室按照"一个实验室、四个创新平台、八个研究团队"的整体架构进行建设,主要研究方向包括海洋环境、海洋岩土工程、海洋工程结构、海洋"环境－结构－地基"耦合作用;针对海洋油气资源开采过程中急需海洋工程领域相关基础研究和技术研发支撑的问题,瞄准国际科学前沿和国家海洋油气资源开发重大工程需求,以人才、学科、科研三位一体创新能力提升为核心任务;通过体制创新,促进资源共享,联合开展重大科技项目攻关,力争在创新人才培养、科学研究和国际交流与合作等方面取得实质性进展,显著提升实验室在国际海洋工程领域的影响力和竞争力,最终形成具有国际影响力的海洋工程学科群,成为国家和地方海洋工程领域技术的重要平台,为我国"海洋强国"战略的实施做出更大的贡献。

经过3年培育,联合实验室建设取得了显著成效,依托国际联合实验室培育项目,由大连理工大学牵头申报的国家重点研发计划"战略性国际科技创新合作"重点专项2016年度项目——深海资源开发的核心技术项目获得批准。该项目外方合作单位为西澳大利亚大学、西悉尼大学、英国南安普敦大学和德国FZK研究所。该项目也是大连理工大学牵头获批的首个重点研发计划国际合作项目。双方固定研究人员互访达百余人次,联合培养博士生12名,实验室毕业的硕士赴西澳大利亚大学攻读博士学位者 6 名。两校建立了 DUT-UWA 海洋工程研究中心,联合召开三届 SLCOE/COFS 国际研讨会,并发布了 8 项种子基金,支持双方合作开展科学研究,联合发表国际期刊论文 50 余篇。2013 年,大连理工大学岩土工程研究所从西澳大利亚大学海洋基础中心引入鼓式离心机配套设备,有力地促进了大连理工大学海洋岩土学科的发展。为满足海底结构稳定性的大比尺模型实验研究需要,2015 年,大连理工大学借鉴西澳大利亚大学成功经验,开始建设世界规模最大的 O-tube 循环水槽,该设施已投入使用,进一步提升了实验室的试验能力和水平。

## 引进先进仪器设备

著名科学家门捷列夫说:"科学是从测量开始的。"百年近现代科学技术发展史也证明了:谁拥有最先进的科学仪器,谁就可能获得最准确、最新的科学数据,找到新的客观规律,抢占科技最前沿。

对此,邱大洪有着清醒的认识,他在主持国家重点实验室建设时首先提出这样两点要求:第一,整个实验室要有世界上最好的设备;第二,走自己的路,自行开发。一句话,就是要靠自己的力量开发最好的设备。

实验室建设初期,缺少经费和设备,只能建一个波浪港池,当时实验室的造波机只能做规则波。海面上的波浪是不规则的,国外有不规则波造波机,但实验室根本没有条件购买,只能想办法用规则波造波机产生不规则波浪。李木国是研究机电控制的,邱大洪就与他商量:"这个造波机在不同频率时打出来的波高是不一样的。造波板推同样的距离,加载的频率不一样,造出的波高是不一样的。虽然这个造波机在运行时不能调幅,我们能不能在运行时控制它的频率,让推波板随机产生快慢移动,造出波高和波周期都能随机变化的不规则波。"李木国认为可以试试。经过几次实验后,邱大洪所提出的方法奏效了。他们把这个造波机称为调频式不规则造波机,填补了当时国内不规则波实验研究的空白。看似简单的一项实验,其实是一个发明创造,因为这是国内第一个在港池里造不规则波浪的当时最先进的实验和测量系统。实验设备解决了,数据处理又是一件新的麻烦事。那个年代都是用计算机编好程序,然后打孔,出来的数据有几百张,都要翻译整理。为了解决这个困难,邱大洪从仪器库找了一台淘汰的机器进行改造,将其变成一台能够处理上百张数据的微机。

自1980年起,大连工学院接受世界银行中国大学发展项目第一批贷款700万美元,购进了DPS8/52中型计算机、地震模拟系统、结构疲劳试验机系统、电子齿轮测量系统、透射电镜等182台设备仪器。其中,邱大洪等提出引进的不规则波造波机、震动台系统、结构动载试验系统为申请建设国家重点实验室奠定了基础,有了这个基础,国家教委才批准国家重点实验室的建设。

随着研究的进一步发展,许多设备已不能满足实验要求,特别是由于重点实验室技术力量的成长,过去进口的一些设备,已经不能满足新形势下的科研和教学发展。邱大洪带领大家对造波机进行了很大的改进。由于在设备引进时,邱大洪就想到,为了今后的发展,我们需要掌握这项技术。因此,在引进过程中,就要求李木国参加美方的谈判和验收,要求美方提供控制软件的接口,并参与在实验室的安装和调试。李木国和大连理工大学机械系教师合作,开发了具有自主知识产权的功能更加齐全的不规则造波机系统,不仅给自己实验室使用,还为其他科研单位生产了很多台,基本占领了国产不规则波造波机市场。为了进行海洋污染物迁移转化规律的研究,他们设计了速度场和浓度场可同步测量系统,并达到了较先进的水平,在实验研究中发挥了较好的作用。

邱大洪和他的团队建设的实验室拥有一个庞大的设备群,包括能够产生海浪、海流和潮汐等综合作用的多功能水池、大波流水槽、浑水水槽和海洋环境水槽。实验室地下是一个大型水库,能够提供所有水池水槽的实验用水,用后返还水库。实验室有适应海洋工程需要的四套设备:造波、造流、造潮和造风设备。海洋工程设计研究中所要得到的各种参数,包括海波、海流、海潮、大风等数据,在这里都可以得到。有种类齐全的测试系统,包括波浪高度、波浪力、浮体运动和靠泊力等测试系统。实验室还有十几种类型的设备和上百种仪器,可以测到各种需要的科研数据。

在邱大洪的支持下,重点实验室抗震工程分室建成了我国第一台水下振动台。这台设备对我国沿海多个核电站的防波堤及其他一些水下结构进行了实验研究,提供了科学数据。邱大洪还对与海岸和近海工程密切相关的海洋土力学研究提出建议，用重点实验室获取的资金，为岩土工程分室引进了一台先进的鼓型离心机。

负责水下振动台工作的朱彤高级工程师介绍说："邱老师对于海洋与近海结构的地震以及波浪问题联合研究起了非常关键的作用。他多年来一直支持我们开展交叉领域的实验设备开发和实验研究工作。"[①]

1997年初，受国家重点实验室的委托，朱彤前往日本，考察调研了日本有关高校、研究所、企业近岸工程地震模拟试验方面的技术。年底回国后，写了一篇关于地震模拟试验技术的考察报告，向重点实验室的专家们进行了汇报。邱大洪对这份考察报告非常重视，充分肯定了地震模拟实验研究的发展前景，认定将来一定会有开创性。不久，大连理工大学进行第一次"211工程"建设时（1998年）就特别支持抗震分室提出的建设国内第一个水下振动台的申请提案，认为这个项目的建设有我们海岸工程的特点。

邱大洪始终关注这件事，并积极促成引进设备。水下振动台的升级改造工程需要资金700多万元，学校当时还没有做过这么大的投资，资金压力很大，邱大洪建议学校给予这个项目全面支持。学校领导比较为难，邱大洪提出，项目组先向学校贷款，国家重点实验室担保，做出了标志性成果，学校再考虑给予资金匹配。朱彤认为："如果没有邱老师的大

---

① 朱彤访谈录，2016年5月30日，大连。资料存于北京理工大学"老科学家学术成长资料采集工程馆藏基地"。

力推动,这个设备改造在当时能不能顺利完成就成了一个未知数。1999年我们完成了这个水下振动台的初步建设,当时在国内是唯一的,一直到目前为止,还是国内唯一的已建成的水下振动台。"①

随后,在国家重点实验室的周期性建设过程中,邱大洪对于工程抗震分室提出的想法,基本都给予了全力支持。近海工程结构动力模拟实验研究,是以全部动力荷载对结构的影响为研究目标,即从地震开始,海床地基下是地震,然后是海流,再往上是水面上的波浪,北方冬季海面有海冰,最上面是海风。这些荷载的模拟过去只能单独进行试验,荷载间的耦合作用不能模拟出来。在后来的"211工程""985工程"建设中,工程抗震分室提出立项建议,要逐步增加海流、波浪、海冰以及海风的模拟。在邱大洪等推动下,工程抗震分室的相关建设在"211""985"各期工程中都得到了学校的鼎力支持。如今,原来的水下地震模拟系统已建成现在的波浪、海流以及地震联合模拟的大型试验系统,可以完成对水下的波浪、海流、地震,水面的冰以及水面以上的风荷载对海洋结构联合(耦合)作用的试验模拟,可以实现对海岸与近海结构的所有关键灾害荷载的试验模拟。目前,这个大型设备系统不仅仅在国内,甚至在全世界都是唯一的。谈到邱大洪在引进水下振动台过程中的作用时,朱彤说:"邱老师在这个设备的建成过程中,始终站在非常前沿的位置来看待这件事,他一

---

① 朱彤访谈录,2016年5月30日,大连。资料存于北京理工大学"老科学家学术成长资料采集工程馆藏基地"。

直倡导我们要勇于创新,要做别人没有做过的事情,要勇于开拓新兴学科。"①

2007年,西澳大利亚大学 Mark Randolph 教授与程亮教授一起到大连理工大学来访问。邱大洪与他们讨论时,对波浪诱发海床液化这方面的研究非常感兴趣,并在教育部的第四次设备更新改造中,申请到300多万元经费。邱大洪把这300多万元全部投入购买土工鼓型离心机,随后建议立刻成立一个调研组,到西澳大利亚大学去参观学习。王忠涛等参观学习回国后,立刻向邱大洪进行了汇报,邱大洪坚决支持购买这个设备。

在海洋土力学学科中,土工鼓型离心机是最尖端的设备,当时在国内没有这个设备。到目前为止,大连理工大学的这个设备也是全国唯一的。这个土工鼓型离心机能够提供在高相似比的海洋环境下土体的动力特性,进行新型海洋结构形式、海洋软土中的承载力等的相关实验。离心机分为两类:一类是臂式,一类是鼓式。邱大洪主张用鼓式,因其模型槽长度比较大,适合在离心条件下施加波浪对土体的作用,把水动力问题和土力学结合起来,开展两项耦合的分析,研究土的液化特性,包括软土中的承载力。这个设备从2009年开始建设,其整个指标要比西澳大利亚大学、剑桥大学等更好一些。

谈到离心机设备发挥的作用时,王忠涛说:"这台离心机

---

① 朱彤访谈录,2016年5月30日,大连。资料存于北京理工大学"老科学家学术成长资料采集工程馆藏基地"。

161

的引进,邱老师功不可没。这台离心机的到来,对申请项目起了很大作用,如果没有这台机器,很多问题得不到解决,许多实验都没法做。例如,小尺度实验,重力场、土体的自重应力等实验。"①

## 学术委员会主任

1997年11月,邱大洪出任大连理工大学海岸和近海工程国家重点实验室第三届学术委员会主任,上一届主任由他的老师钱令希院士担任。第三届学术委员会共召开了六次会议,每次会议邱大洪都亲自参加并主持。在这期间,他对重点实验室的每个申请项目的课题意义、技术路线、实验室可以提供的条件等都积极认真评议,敞开心扉,提出了许多中肯的意见。对于海岸和近海工程国家重点实验室科学研究、人才培养、实验室管理、对外开放及国内外学术交流和合作方面的重大问题提出了很多宝贵的意见和建议,这些建议对于指导国家重点实验室建设起到了很好的指导作用。

邱大洪很重视重点实验室的管理工作。重点实验室在学校到底算一个什么级别的单位?经邱大洪的据理力争,学校同意将重点实验室的级别定为相当于一个处级单位,实验室主任相当于处级,学校给重点实验室设置一个专职的副处

---

① 王忠涛访谈录,2016年5月30日,大连。资料存于北京理工大学"老科学家学术成长资料采集工程馆藏基地"。

级干部编制，设实验室专职副主任。这样的建制可以让许多科研人员从烦琐的行政事务中解脱出来，便于他们集中精力搞好科研和教学。

邱大洪善于把握实验室的发展方向与学科建设。有一次，他提出了6条改进国家重点实验室的措施，汇报给学校领导，学校将这些措施以正式文件形式下发，供实验室参照执行。在每次国家重点实验室评估前，邱大洪都忙前忙后，检查实验室主任报告和学术报告的准备情况，检查各分实验室的建设情况等。对国家每年下达的重点实验室仪器设备改造经费，邱大洪总是从实验室发展的大局考虑，支持工程抗震、结构工程和岩土工程分实验室研制、购买先进的设备与仪器。

邱大洪重视培养青年学术骨干。有一次，邱大洪将王永学、滕斌、沈永明、邹志利等几个年轻人召集在一起开会，让他们汇报科研方向。他听完汇报后说："你们不能搞一个方向研究，都在一个学科方面搞研究将来会越做越窄，其结果很可能相互重叠，互相打架。我给你们推荐几个方向，你们都自己再找一个新的方向。"[1]

按照邱大洪的意见，王永学选择了海冰方向，滕斌选择海上平台波浪水流力方向，沈永明选择海水两相湍流和水质精细预报的系统研究方向，邹志利选择海岸变形与泥沙运动研究方向。这几个学科都是当时非常新的研究方向。他们

---

[1] 王永学访谈录，2016年8月12日，大连。资料存于北京理工大学"老科学家学术成长资料采集工程馆藏基地"。

几个人在这些领域里都研究出新的成果。实践证明,邱大洪具有长远的眼光,他的调整是完全必要的,也是非常及时的。①

## 指导国家重点实验室建设

1996年,丁平兴②担任华东师范大学河口海岸学国家重点实验室主任的时候,外聘的第一届学术委员会委员便有邱大洪。丁平兴说:"邱老师是大连理工大学海岸和近海工程国家重点实验室主任,他对国家重点实验室的运行管理方法非常熟悉。他在担任主任期间,通过了科技部的评估(1994年),获得两次设备更新建设费支持,使实验室的设备水平又上了一个新台阶。"③

河口海岸学国家重点实验室学术委员会每年召开一次会议。邱大洪积极参加学术委员会的各项活动,对于实验室教育部创新团队的争取、研究项目的立项评审等,他积极支持,提出一些宝贵的建议。由于邱大洪非常熟悉科技部对国家重点实验室的要求,所以他的意见和建议大都非常中肯、

---

① 王永学访谈录,2016年8月12日,大连。资料存于北京理工大学"老科学家学术成长资料采集工程馆藏基地"。
② 丁平兴,华东师范大学河口海岸科学研究院、河口海岸学国家重点实验室教授,河口海岸科学研究院院长。
③ 丁平兴访谈录,2015年4月13日,上海。资料存于北京理工大学"老科学家学术成长资料采集工程馆藏基地"。

准确。在这个实验室的初期发展阶段,邱大洪给予了他们很多的帮助和指导。

河口海岸学国家重点实验室学术交流

邱大洪指导实验室把握发展方向。当时,丁平兴接手河口海岸学国家重点实验室时,实验室有河口、海岸、灾害与环境4个研究方向,其中河口与海岸是其优势,但灾害方向的研究力量较弱,条件不是很好。邱大洪与其他委员一起建议去掉灾害研究方向。同时,鉴于河口海岸的生态环境问题已凸显,他建议该实验室加强河口海岸的生态与环境方向。在邱大洪等学术委员的建议下,该实验室把4个研究方向调整成3个研究方向,把最后2个方向调整为现在的河口海岸生态与环境方向。

丁平兴说:"事实证明了邱老师等对我们提出的意见和建议是非常正确而且及时的。现在河口海岸带的生态问题、环境问题很突出,正是由于我们这个方向的重新修正和确定,使得我们实验室在生态与环境方向引进了优秀人才,增加了投入力度,实现了实验室持续发展,不但在河口海岸动力沉积地貌研究上继续发展,而且在河口海岸生态和环境这个新的方面,我们也走出了一条路。这方面的进步与邱先生的帮助和指导是分不开的。"[1]

邱大洪的第二个贡献是人才培养。河口海岸动力沉积地貌研究是这个实验室的传统优势。邱大洪在生态环境方面,不但给实验室提出这个方向,而且积极支持引进张经[2]教授。邱大洪认为确立一个新的研究方向,不但这个方向要符合国家地方的重大需求,符合国际学科发展的前沿,而且要有带头人。他对实验室的年轻人非常关照,每次学术委员会开完会后,在与实验室教师对话时,邱大洪总会提出很多好的意见和建议,使年轻人能够充分利用实验室这个平台,取得好的发展,快速成长。当他们在工作中遇到困难时,邱大洪总是给予积极帮助。

对于人才培养,在实验室的工作人员中体会最深的是张

---

[1] 丁平兴访谈录,2015年4月13日,上海。资料存于北京理工大学"老科学家学术成长资料采集工程馆藏基地"。

[2] 张经,化学海洋学与海洋生物地球化学专家,华东师范大学教授,2007年当选为中国科学院院士。

经。在张经申请进入2005—2007年教育部创新团队的时候，邱大洪是这个团队的学科方向负责人，他向张经提出了许多关于这个学科团队的建设和发展好的建议和改进办法。在后来申请国家自然科学基金委创新研究群体时，邱大洪亲自帮助修改文本，对每个数据反复校对，仔细考究，毫不含糊。经邱大洪修改的文本思路清晰，目标明确，完全符合教育部要求。因此，这个教育部创新团队的"创新研究群体"计划很快得到国家自然科学基金委员会的批准。

在河口海岸学国家重点实验室从开始建设团队到形成稳固的学科交叉队伍过程中，邱大洪给予了很大的帮助和支持。那时候，邱大洪已过古稀之年，但他不辞辛苦，四处奔波，认真参加每一项重要的学术活动，为河口海岸学国家重点实验室的人才培养做出了贡献。

第三个贡献是实验室的规范化管理。如何规范化管理重点实验室？如何在开展应用研究同时注重基础理论研究？邱大洪对这个实验室提出了许多宝贵的意见和建议。原来的实验室比较注重应用，解决了国家和地方的一系列重大工程建设中的关键问题，但是对如何将这些成果提炼成科学问题、在理论层面上如何提升、在国内外重要刊物上发表研究成果等都不太重视，所以在评估时经常"吃亏"。针对这一问题，邱大洪提出，作为国家重点实验室，不但要给国家和地方排忧解难，而且要对自身有更高的要求，要上升到理论层面。

在一次学术委员会会议上，讨论国家重点实验室如何处理好为国家地方服务和理论研究问题，邱大洪的发言给每一位成员都留下了极其深刻的印象。他说:"你要么不进国家重点实验室,进了这个国家重点实验室,就要尊重、服从实验室的管理法则。"他还非常形象地举了这样一个例子:"你参加 100 米跑比赛,速度很快,但你踩线了,跑到人家那里去了,你就违规了。因为科技部对国家重点实验室有一套严格的管理条例和评估规则,我们必须遵守。"

邱大洪先后作为大连理工大学海岸和近海工程国家重点实验室主任和学术委员会主任、学术委员会顾问,以实验室建设为依托,为学科发展建设指路、把关。他严格把握学术研究方向,将实验室建设与国家重点学科建设有机地结合起来,积极推进实验室学术研究,组建起一支高水平的研究队伍。

耕耘杏坛　育人不倦

耕耘杏坛　育人不倦

## 指导研究生

1978年,我国恢复研究生招生培养制度后,大连工学院招收了108名研究生,在校研究生的人数是"文化大革命"前(1966年前)的3倍。他们就像一股新鲜血液注入了正在复苏的肌体,给学院带来了非常强大的生命力。为了将他们培养成高层次人才,学校派出了具有丰富教学经验和较高学术水平的老教师讲授基础课。也就是在这一年,左其华[1]考取了邱大洪的研究生。

对于为什么报考邱大洪的研究生,左其华是这样回答的:"我是邱大洪老师第一批招考的研究生。邱大洪这个名字,很早就听说过了。我是20世纪70年代的工农兵学员。在1975—1976年,国家正提倡开门办学,把教学和工程结合起来。在和前两届的同学交流中知道,他们当时正在做大连鲇鱼湾10万吨级油港工程的毕业设计。这是国内第一个10万吨级码头。设计这样一个码头,国内多家设计部门都心存顾虑。我的师兄师姐们也在参与。这个项目的主要负责人就是邱大洪老师,这就是我在考研究生时选择邱老师做指导老师的重要原因。"[2]

---

[1] 左其华,1954年生,江苏滨海人。1977年大连工学院港航工程本科毕业。1981年7月大连工学院海洋工程研究生毕业,获工学硕士学位。2003年7月获大连理工大学工学博士学位。曾任南京水利科学研究院副院长。现为该院教授级高工、博士生导师,并受聘为浙江大学海洋学院教授。

[2] 左其华访谈录,2015年4月15日,南京。资料存于北京理工大学"老科学家学术成长资料采集工程馆藏基地"。

洪流向海　波浪情缘——邱大洪传

对于研究生的培养，邱大洪有着自己的独特思路和方法。他认为：基础知识和理论十分重要，尤其是在力学方面一定要有扎实的基本功。对于研究生外语能力，邱大洪更是严格要求，悉心教诲。他认为，理工科院校的学生外语不好，就不能对外交流，也不能了解国外科学研究前沿性的工作。

左其华等其他同学一入学，邱大洪就对他们的基础理论学习抓得非常紧，要求他们跟流体专业的学生、结构动力学专业的学生一起上课。这两门课都是他们的专业基础课，不是他们的主专业课，而邱大洪则要求他们对待这两门专业基础课要像重视主专业课一样认真。

如何学好外语，邱大洪有着自己的想法，他认为语言"既是工具，更是文化"，不能只训练学生阅读科技外语书籍，还要引领学生进入国际文化领域，提高学生国际交往能力，使之在听、说、读、写、译的实践锻炼中有所长进，这才符合学习英语的规律。

为了帮助左其华等人提高英语听说能力，邱大洪把家里珍藏的外语资料送给他们使用。左其华曾说，邱大洪老师不仅引领他走上科研的道路，而且对他的外语学习要求也一直非常严格，时时刻刻帮助和督促他的外语学习，他今天能够在国际会议上用英语做报告，首先感谢的应该是邱大洪老师。

在日常学习中，邱大洪要求左其华等必须读原版的专业英文书。他们是"文化大革命"后的第一届研究生，英文基础水平普遍比较差，大多数人学的都是公共英语。一开始，邱大洪就要求他们看原版专业书，对于左其华来说，是相当费力的。邱大洪还要求他读完后，定期汇报。他给左其华指定的第一本英文书是 1964 年版的 *Oceanographical Engineering*，作者是美国的 Wiegel, Robert L.，是当时美国海岸工程研究方面的权威。第二本是 R. 克拉夫著的《结构动力学》，这两本书都是复印本。邱大洪还具体地要求左其华，要先从其中一部分看起，有了兴趣后再整本通读。

左其华在读研究生期间，得到了邱大洪的精心指导和帮助，感受到了导师严谨治学的态度和严肃认真的工作作风。邱大洪要求左其华一个月交一次学习心得，还要将翻译的部分写出来让他看。通常情况下，邱大洪几天内就看完，发现问题会用红笔标出来，然后找到左其华，为他进行讲解和答疑。

时间过得飞快，很快到了做硕士论文的阶段。论文的撰写离不开做实验，左其华与当时的实验室环境和技术工人还不是很熟悉。邱大洪领着他，直接同实验员打交道，指导他熟悉量测仪器、制作模型等，使他的学业能够顺利完成。他对左其华的基础知识学习要求非常严格，不允许他有任何懈怠。比如，在流体力学的基础和结构动力学基础以及量测技术方面，邱大洪指导他必须弄懂、弄通，不能一知半解。若干年后，左其华回想起此事，深为感动，因为这些基础知识对他以后从事科学研究起到了非常重要的作用。等到他自己带学生时，也是这样严格要求他的学生的。

1981 年，左其华进行研究生毕业论文答辩。他所做的论文是《关于海上铰接柱体在波浪作用下的动力响应》。论文答辩结束不久，邱大洪就着手让左其华将论文送到国际会议上交流。当时左其华已被分配到南京水利科学研究院，经协

洪流向海　波浪情缘——邱大洪传

商他回到学校进行了近半年的补充研究,后来论文在学校校刊增刊和美国土木工程师协会(ASCE)的国际离岸技术会议(Offshore Technology Conference,OTC)上交流。

硕士研究生毕业后的左其华,在繁忙的科研第一线一干就是30多年。在这30多年的时光里,有一个梦想一直在他心头萦绕,那就是有朝一日成为一名博士生。紧张的科研工作使他难以将他的美好愿望付诸实践。在1998年的一次会议上,他与恩师邱大洪谈起此事,认为这将成为他的终身遗憾。邱大洪听后,立刻鼓励他说,世上无难事,只怕有心人,只要下功夫、肯努力,目的一定会达到的。在邱大洪的鼓励下,左其华经过刻苦努力,终于如愿以偿地考上了在职博士研究生,再一次师从邱大洪。

此时的左其华是大连理工大学海岸和近海工程国家重点实验室学术委员会委员,经常来母校开学术会议。在一次会议间歇,邱大洪带领左其华到学校相关部门办理博士研究生入学手续。这时的左其华正处在纠结和矛盾中,因为他正在主持南京水利科学研究院质量管理和参与主持全院的科学研究和学科发展工作。南京水利科学研究院是国内一流的,也是学科水平在国际上处于前沿地位的研究院。当时邱大洪已经年过古稀,为了帮助他完成攻读博士学位的心愿,不辞劳苦,带着他跑遍了学校所有的相关部门。手续一个一个地办,楼梯一级一级地爬。望着恩师的背影,左其华热泪盈眶。一番思考后,他终于下决心,一定不辜负恩师的殷切希望,完成博士学业。

在邱大洪的指导和帮助下,左其华边工作,边做博士论文研究,十分辛苦。他认真地坚持完成了博士论文,其博士论文的分析思路、撰写风格得到了导师的好评,邱大洪审阅后评价:具有一定的学术水平,论文的思路清晰、严谨。2003年,左其华顺利获得大连理工大学博士学位。

## 培养学术接班人

20世纪80年代,我国改革开放和高等教育进入了新的发展阶段。大连理工大学也迎来了发展的新机遇,师资力量、教学条件、科学研究也逐步走上了正轨。

邱大洪十分重视教学和科研工作,把人才培养作为首要工作来抓,投入了大量精力,也取得了丰硕成果。

1986年,邱大洪担任大连理工大学海岸和近海工程国家重点实验室第一任主任时,将主要精力放在带领大家开辟实验室的学术方向上。与此同时,他利用这样的环境和机会倾心培养人才。他带领团队在相当长的时间里,在波浪与建筑物的相互作用这个大题目上,做了一篇大文章。也就在此时,邱大洪敏锐地觉察到,这方面已经不需要这么多人继续工作下去了,于是他带领大家朝着另外一些方向努力。他的远见卓识几年后就得到了证明,团队的人在不同的学术方向上取得了丰硕成果。

第一位接替邱大洪担任海岸和近海工程国家重点实验室主任的,是邱大洪的学生王永学,那年他39岁。1982年,他大学毕业前,在邱大洪的指导下,以波浪的数值计算方法

洪流向海　波浪情缘——邱大洪传

为课题,进行毕业论文的研究。在攻读硕士的 3 年中,邱大洪又指导他进行大尺度结构物波浪力的研究工作,还参加了大连新港设计中的波浪研究,都取得了比较满意的成果。邱大洪着重培养王永学。1987 年王永学作为中美两位教授联合培养的博士生被送往美国,在佛罗里达大西洋大学进行了两年的研究工作。他研究了太空飞行器液体燃料箱内液体晃荡、液体对容器顶部的冲击和液体晃荡的控制等课题,取得了开拓性的重要成果。1989 年回国,直到 1997 年,王永学完成了波浪破碎的研究,取得了很大的成果。

1989 年参加王永学博士学位论文答辩会

耕耘杏坛　育人不倦

　　从1997年开始，王永学进入了一个新的研究领域——海冰。海水也会结冰？在波浪滔天的大海里，海水当然不会结冰。然而，在北半球海岸浅水区，海水结冰却是一种十分正常的现象。在我国，过去人们没有注意海冰，今天不同了，一些浅水区地下沉睡多年的石油资源被人类发现了，于是，出现了一座又一座的海上采油平台。在我国的渤海湾上，这样的采油平台就有近50座。这些平台怕什么？就怕海上漂流着的大小冰块。1969年渤海湾结冰严重，有的平台硬是被海冰推倒了。推不倒的，也被振得发颤。于是，海冰激振成了世界性的难题。许多人在研究海冰的激振机理，它是在什么条件下发生的，怎样才能减少由海冰激起的平台振动问题。

　　这是一个很难的课题。要进行实验，首先要有冰。但在室温下，时间稍长，冰就要融化，体积就要缩小、变软，实验数据当然也就不准确。许多办法都试过了，包括建立低温实验室、采用人造冰，但由于模型比尺的关系，仍然不能完全模拟海冰的特性。也就是说，仍然没有找到在实验室内进行模型实验用的理想的冻结冰。建造低温实验室不但需要巨大的投资，使用它更要消耗大量的动力，实验费用极高。一条路不通，难道不会走第二条路吗？王永学他们经过多次的配方试验，终于研究制作出了非冻结合成模型冰，在实验室常温下进行了有关冰的模拟试验研究，并利用该模型冰开展了天津港半圆形防波堤的冰荷载试验，取得了比较好的效果。这项成果，不仅通过了鉴定，还申请了国家发明专利。

　　还要提到一位教授，就是沈永明。1991年，他来到大连理工大学，在邱大洪、李玉成两位教授的指导下，进行博士后

## 洪流向海　波浪情缘——邱大洪传

的研究工作,之后留校参加海水两相湍流和水质精细预报的系统研究。这是解决近海海水污染问题一个新的研究方向。邱先生组织并且具体参与了这项工作。他们用微分方程建立包括水中二十几种有机物和无机物质的模拟水质的数学模型,可考虑物理、化学和生物的综合作用,研究它们的变化过程,并且做出了水质的精细预报,在大连湾和香港维多利亚港做过两次现场验证,都取得了比较满意的结果。这项成果以它的创新性获得了较高的评价,被认为有重大的现实意义和理论价值。1999年,这项成果获得了教育部科技进步二等奖。

这项研究进行的同时,邱大洪和沈永明等还进行了另一项有意义的研究,就是探求潮、波、波流共同作用下污染物的迁移转化的规律。在大量的理论计算和模拟实验的基础上,他们取得了很好的成果,掌握了过去不知道的一些规律性的认识,为水污染控制和水综合治理提供了科学依据和可靠手段。

这种博士后异地培养,确实是一个好办法。这种培养方式,可以使博士毕业生再次得到新导师的深入指导,研究成果得到丰富和发展,新的学术思想还可以活跃学术气氛。这就比较好地避免了"近亲繁殖"的缺点。

指导邹志利,是邱大洪解决所谓"近亲繁殖"的另一个生动事例。邹志利1983年至1990年在哈尔滨船舶工程学院(现为哈尔滨工程大学)攻读硕士和博士学位时,侧重从理论计算上研究在单点和多点系泊的条件下,船只如何在波浪中运动的规律。1990年,他申请到大连理工大学进行博士后研

耕耘杏坛　育人不倦

究，邱大洪是他的指导教师。后来，他留在了这里。邱大洪尊重他的学术专长，帮助他在理论计算方面得到发展。例如，他对影响海上平台稳定的波浪水流力的研究，算出了波浪水流力大小和分布，并且运用这个方法计算了秦山核电站取水口的波浪压力、渗流力和渗流压力。在非线性波浪的数学模拟方面，他的突出成果是把1874年法国人布思内斯克提出的，后来被广泛用来解决线性问题的布思内斯克经典方程，发展到能够解决非线性问题的高阶方程，大大扩展了它的应用范围，而且精度更高。这项成果得到了好评。

邱大洪在鼓励邹志利发挥专长的同时，也要求他考虑应用。邹志利在多年的实践中体会到，对于理论来说，实践是一个不尽的源泉。他举例说，在他获得波浪水流的数字计算方法之后，邱大洪问他考虑过应用没有，让他在应用上下些工夫。于是，邹志利花了一倍的时间，把原来只用于圆柱和直壁的波浪水流计算方法，扩大应用到方柱、多圆、多边、多角等各种情况。由此，他对应用产生很大的兴趣，用高阶方程研究港口内各种建筑对船的作用力的影响。这个问题过去是很少有人研究的。

邹志利曾说，在他的头脑中，注意应用的思想已经树立起来，而且只有从工程需要出发，才会不断有新的想法，不断有新的题目。这种"远缘杂交"实在是一个很好的办法。

邱大洪对年轻人的培养格外重视和细心。他认为，年轻人是国家和民族的希望，未来是他们的。他们敢想、敢干，没有太多的框框和束缚，只是缺少经验，稍加指导就会茁壮成长。唐军就是其中一位。1999年他考取了邱大洪的研究生

（硕博连读）。在邱大洪指导下，他参加了海洋污染物迁移运动规律的研究。他学的是水利水电工程建筑专业，一开始对这个项目感到生疏。实验的开头，邱大洪亲自到实验现场进行指导，使他很快熟悉了自己的工作，并且掌握了一些规律性的认识。在邱大洪的悉心关怀下，经过刻苦钻研，唐军完成了博士论文。

邱大洪非常重视各种层次的人才培养，无论是高层次的人才还是普通层次方面的人才，只要他认为有培养前途、有提携价值，他都会主动、热情、不遗余力地进行指导和帮助。他在培养人才方面，还有许多独到的方法。

邱大洪在培养人才方面有一个非常突出的特点：没有门户之见，即使不是他的学生和本单位的同事，他也一样竭尽全力、毫无保留地进行指导和帮助。这一点中国科学院院士、华东师范大学张经教授有着切身的体会。张经不是邱大洪的弟子，他们也不是一个单位的同事。他与邱大洪相识是在邱大洪担任华东师范大学河口海岸学国家重点实验室学术委员会成员期间。

张经的研究方向是海洋化学与环境，他来到华东师范大学河口海岸学国家重点实验室后，邱大洪就对学术委员会及其他领导积极建议，应该对张经进行重点培养和支持，给足经费，提供良好的环境，支持他开展生物地球化学和生态学的研究工作。

2015年4月采访时，张经院士满怀感激之情地说：

"我到华东师范大学的河口海岸学国家重点实验室是1999年。邱老师是我们实验室学术委员会的前辈。那时候

耕耘杏坛　育人不倦

我的研究方向是以动力沉积和地貌学为主,邱老师很赞成我们来到这里做跟化学、生态学有关系的事情。因为从海岸和近海系统服务于社会来讲,它有一个如何认识生态学的功能问题,需要从生态学、环境科学、生物地球化学等不同的角度去认识它。从另外一个方面来讲,这些学科的引入可以丰富和拓展我们原有的学术方向。其实,就是学术委员会的那些老专家把握了我们现在重点实验室的发展方向。回想起来,他们的学术远见真是很了不起,我们远不如他们。从这个角度讲,邱老师是我们很敬仰的学术前辈,他的很多研究思想都值得我们学习。"[1]

邱大洪在培养人才方面另外的一个非常突出的特点是,对待毕业后的学生,他仍然继续关心和指导。

邱大洪对学生的爱护自不待言,而对于不是十分熟悉的年轻后辈,他也在百忙中抽出时间,进行指导和提携。"文化大革命"以后,恢复了海洋工程学会的活动。邱大洪是学会活动非常积极的倡导者和支持者。有一次,他刚刚认识了一位与会者,她是中国海洋大学学气象的,当时她的报告内容是煤堆场大风天煤粉飞扬污染周围环境问题。关于污染范围和强度怎么去计算,传统是按照环境保护里面点源扩散、面源扩散的办法来做。但她的报告里面有一个小小的改进。一般的点源和面源扩散,源强都是固定的,但在煤堆场情况下,源强度是变的,随着风大,扬尘增加,它的源强度就增加。

---

[1] 张经访谈录,2015年4月12日,上海。资料存于北京理工大学"老科学家学术成长资料采集工程馆藏基地"。

洪流向海　波浪情缘——邱大洪传

她认为在扩散范围和扩散强度的计算上，源强度跟随风速的变化情况应该加进去，于是加进了煤粉在风作用下的起动扩散。邱大洪认为：这种改动非常好，应该发表。

华东师范大学访谈（摄于 2015 年 4 月 12 日）

这位与会者很受感动。为了写好这篇文章，会后她向邱大洪提出了沿海港口的生产、管理、经营当中的一些问题，还有码头结构、波浪水流动力的计算，以及有关港口建设等问题。邱大洪都一一认真地回答。当时的邱大洪已经是一位著名专家，也是这次学术会议小组的主持人、评论人，但他为人热情，毫无专家、学者的架子。

耕耘杏坛　育人不倦

## 功勋教师

2009年，在大连理工大学60周年校庆前夕，为表彰为学校的建设和发展做出突出贡献的教职工，进一步弘扬大工精神，学校开展了"建校60周年功勋教师"评选活动，评选出20名"大连理工大学建校60周年功勋教师"，他们是（以姓氏笔画为序）：王众托、刘长春、刘培德、李士豪、杨长骙、杨锦宗、邱大洪、屈伯川、林纪方、林皋、侯毓汾、胡国栋、赵国藩、钟万勰、唐立民、徐利治、郭可讱、钱令希、程耿东、雷天岳。

在访谈邱大洪的同事和学生时，大家一致认为，邱大洪为大连理工大学的建设和发展做出了卓越的贡献，是一位德才双馨的教授。邱大洪认为，要有好的教师，才能带出好的学生。好的教师应该德才兼备。教师，以传道授业解惑为己任，若道德水准低下、业务水平不高，何以教导学生，何以为人之师？

邱大洪的学生左其华是这样评价的：

"邱院士是我国海洋和海岸工程技术界的旗帜。邱老师在做人、做学问上，永远是我们这些学生学习的榜样，是我们难以企及的榜样。""邱老师在国内海洋海岸工程界和学术界有着显著的地位。他的学问与工程紧密结合，与学科发展紧密结合，理论与实践技术紧密结合。他的研究对我国海岸动力学发展起到了推动作用。20世纪70年代末80年代初他就开始组织技术力量，自行研制实验室不规则波造波技术，然后通过引进吸收，自行生产三维不规则波造波机，使我国实验室造波技术列入国际前沿,也取得了重大的经济效益。"①

教师的言行总是会潜移默化地影响学生,因此邱大洪在教育学生的过程中,非常强调以身作则,在品德和学术上做学生的表率。

左其华认为邱老师的学术团队是目前国内高校同行中最大的学术团队,实验室也是国内高等院校同行中最大的实验室,与原有的几个国内著名的港口工程教学与科研高校比,大连理工大学显然是处于该学科的前沿。邱老师撰写的《波浪渗流力学》一书,一直是研究波浪与地基相互作用专业方面使用的经典文献。

严师出高徒,邱大洪对自己的学生要求严之又严。无论是科研工作、实验数据,还是其他方面,他率先垂范。学生们、同事们工作出了问题,他严厉批评,绝不姑息迁就。有一次,在实验室里,有的人在做实验,有的人在计算机旁侃大山。邱大洪一见就火了,说:"难道没有其他事情可做了吗?看书,查资料,干什么不好?"大家赶紧回到各自的岗位上去了。有一位博士后本来不是做课题实验的,是做数值计算的。他没想到当众挨了一次训,心里很不高兴。但他更是万万没想到,邱大洪第二天会当面向他道歉。

邱大洪平时撰写的论文和工作报告,字迹工整,版面整洁。他要求学生也是一样,写得不工整就坚决重来,哪怕面

---

① 左其华访谈录,2015年4月15日,南京。资料存于北京理工大学"老科学家学术成长资料采集工程馆藏基地"。

## 耕耘杏坛　育人不倦

对厚厚的一本论文也毫不"心慈手软"。

邱大洪对工作和教学要求得非常严格,严得几乎不近人情。当然,大家也都很清楚,他也绝不是那种冷若冰霜、无情无义的人。相反,他的诚挚与真情也给人留下很深的印象,也曾打动过许多人。

晁晓波是来自四川的博士后研究人员,孤身一人住在单身宿舍,生活显得很冷清。邱大洪就把家里的沙发和暂时不用的彩色电视机给他搬了来,令晁晓波很受感动。

邱大洪对自己的师长同样敬爱。据他的秘书说,他每年春节都要去给他的老师钱令希先生拜年。当钱老 80 岁寿辰时,他特意买了一个大花篮送去。对同事他亦不乏热情,对已退休的老教授、老同事,逢年过节他也常和同志们一起去看望。联欢会上,他和所有的师生一样,唱歌、跳舞、做游戏,有说有笑。集体会餐时,他会亲手献上一道拿手菜。那一年,全国好几个大学联合成立攻关小组,十几个同志住在大连理工大学,赶上过元旦,他把外校的人请到自己家里,热情款待。

几十年的科学和教学实践证明:邱大洪不仅是一位科学家,也是一位始终工作在教育战线的教育家。他大学一毕业就在高等学校工作,培养学生成为他科学研究工作之外一项非常重要的工作,学生为国家科技事业和经济建设做出贡献,就是他最为自豪的成果。邱大洪的学术思想通过他的同事和学生发扬光大。

邱大洪当选为功勋教师,应当说是当之无愧的。他的学生 1953 年就开始走上工作岗位,不少人已成为社会主义建设的领导力量和业务骨干。他们中，有大学校长和博士生导师，有交通部及其所属各航务工程局的局长、副局长，设计研究院的院长、副院长和总工程师。40多届毕业生大都为建设和发展我国港口事业做出了贡献。国际近海力学及极地工程学会每年奖励两名在这一领域取得突出成就的青年学者，邱大洪教授指导的博士生已有两人获此殊荣。

## 关心下一代

　　青少年是祖国的未来，民族的希望。青少年应具备什么样的素质，如何加强自身素质修养，怎样才能肩负起时代的重任、实现自己的人生价值，这是邱大洪十分关注的问题。他不但关心和培养自己的学生和身边的同事，也积极参加一些社会活动，通过各种媒体和渠道宣传爱国主义思想，教育青少年追求上进，勇于创新，成为有理想、有道德、有文化、有纪律的一代新人，为中华民族的伟大复兴，为人类社会的进步和繁荣，贡献自己的力量。

　　2009年，大连市关心下一代工作委员会组织大连部分高校、科研单位在连的76位中国科学院、中国工程院院士与博士研究生导师撰写文章，寄语下一代，汇编成书出版。

　　邱大洪满怀深情，撰写了《勤恳实践　锐意创新》一文。邱大洪在文章中回顾了自己的曲折人生经历。他的幼年和少年时期，亲身经历了"七七"卢沟桥事变、"八一三"上海事变等事件。他跟着家人逃难，一路上目睹了老百姓颠沛流离

耕耘杏坛　育人不倦

的情景，心中充满了对日寇的仇恨，萌发了"科学救国"的信念，发奋把功课学好，为振兴中华发奋成才。

1947年，邱大洪考入清华大学土木工程系。在这所富有爱国传统的著名大学里，他的学业和思想大有长进，在大学期间他多次参加学校的社团活动，明白了许多革命道理。大学毕业前期，他放弃了留校任教的机会，要求到工业建设第一线去，到东北去。组织上把他分配到新中国成立前夕我党面向新中国工业体系建设亲手创办的大连工学院任教，从此，他就把一生都献给了高等教育事业和科技事业。

邱大洪总结了自己坚持教学、生产和科学研究相结合的原则，鼓励青少年要树立远大目标，要建立持久的信心。他语重心长地告诫下一代：成长靠的是志坚、机遇和勤奋。志坚就是要有坚定的理想信念和坚强的意志毅力，机遇就是在现实环境中抓住切合自己成长的条件。每个人的人生道路上都有各种各样的机遇，有的需要及时抓住，有的需要自己努力创造，而这些都只有在自己所从事的事业中踏踏实实地努力奋斗才能得以实现。

在文章结尾时，邱大洪特别强调："能够在各种纷繁复杂的信息和自我认识过程中，知道自己适合做什么，明确自己的目标，并且知道什么才是完成目标最重要的因素。我所说的'勤奋'则是随时随地可以行动起来并且坚持不懈工作到底的精神。我相信，任何一个成功者都不可能缺少这两种要素。"[①]

---

① 周美鑫.科学家寄语下一代.大连：大连出版社，2002：403.

## 洪流向海　波浪情缘——邱大洪传

2010年9月8日上午,邱大洪应学校邀请,在大连理工大学刘长春体育馆,为入学新生带来了一堂别开生面的报告。他的题目为"谈谈人生、生活、机遇",看似普通平常的题目,经演讲者生动、感人的讲述,使现场气氛十分活跃和热烈。

为2010级新生做报告

邱大洪在报告中首先回忆了自己的人生经历。在谈到自己在清华大学土木工程系学习生活的经历时,他说在清华园他积极参加学生进步运动。尽管自己那时还是一个大学二年级的学生,但他欢欣鼓舞地参加学校组织的工作团,进城去做宣传,还曾踊跃报名参加抗美援朝、南下工作团,到革命第一线去。他认为,参加革命是所有热血青年的最大向往,在这个过程中他也明确了自己的人生理想:国家的需要就是自己的人生理想。当1951年从清华大学毕业时,他抱着"国家需要"的人生理想,很快就投身到轰轰烈烈的国家经济建设大潮中去,他被分配到当时的大连工学院。

邱大洪向同学们讲述了他一生中从事的几个大的工程项目,并通过他的经历告诉同学们如何抓住机遇。事实上,也正是这几个大的工程项目奠定了他成为著名的海岸和近海工程专家的基础。

邱大洪在报告的结语中,满怀深情地对同学们说,他讲述自己的人生经历,只是想说明这几个问题:什么是人生?什么是生活?什么是机遇?他特别强调说,机遇就是遇到的机会。机会在哪里?就在你身边,就在你生活的环境里,就看你怎样去对待你的人生。机遇是可遇而不可求的,本来机遇就在你身边,你却要去求那些不在你身边的机会,而把身边的机会白白放过,你总也抓不住机会。邱大洪告诉同学们,现在大家到这个学校来学习,这就是机会,只要你努力了,你会得到你的回报。

他的报告在同学们中引起了热烈的反响,他那种和蔼与开诚布公的态度深深地打动了同学们。许多新生听了这次报告后,心潮澎湃,激动不已。一位新生在她的心得体会中写道:

"邱院士从生命的得失开始讲,在人生的因祸得福中,让我们领略到心态的重要性。娓娓道来的话语中,我仿佛看到当时年轻的他将满腔的热血投身于伟大祖国的建设事业中,

洪流向海　波浪情缘——邱大洪传

一种年轻的力量、奋斗的力量、进取的力量跃然眼前。邱大洪院士能够毅然放弃清华留校的机会,投身到新中国经济建设中去;能够到港口设计的一线队伍中挥洒汗水;更能够将个人价值与民族复兴紧密结合。我不禁自问,面对那样的抉择,我又将何去何从呢？拥有如此优秀的教师团队,何愁无明灯为吾辈指路,何忧无目标为吾辈追随！于是,一种责任,一种使命油然而生。"[1]

---

[1] 大连理工大学新闻网,管理与经济学部,陈玉婷。

# 工程咨询

## "邱式板凳"——连云港工程建设

1949年中华人民共和国成立后,连云港的发展迎来了新的阶段,尤其是改革开放后,更是进入了大开发、大建设的时期,百年前的东方大港梦想今天终于就要实现了。

1978年,连云港的建设纳入国家第二批日元贷款项目中。当时国家批准的是建设连云港的庙岭港区,包括集装箱码头、散粮码头和木材码头,一共5个泊位。靠泊船舶是吃水在12米左右的大船。这在20世纪70年代末80年代初,是等级比较高的现代化码头,其中,集装箱泊位是2个。对于连云港码头来讲,采用什么样的结构形式、如何施工,是一个很大的困难。当然还有木材码头和散粮码头,同样也有码头结构的选型和施工问题。当时,在交通部基建司主持下,建港指挥部围绕庙岭港区的5个建设项目,组织了一次设计竞标,邀请国内有资质的专业单位提交设计方案进行比选,确定这三种码头选用什么样的结构。当时参加竞标的设计院和高等学校有十多个,大连工学院邱大洪等也参与进来。

连云港在建设中面临的最大技术难题还有回淤、汊道等。一是它的地基非常软,是淤泥质海岸的一个典型,由黄河的泥沙堆积而成,几百年下来,固结程度仍非常低,作为港工建筑物承载地基,比较差;二是开挖以后的回淤问题;三是当地的陆域非常狭窄,有山,但平地非常少,需要开山填海。开山填海所用石料,也牵涉到地基的处理问题。这三个大问题困扰了连云港很多年。

## 洪流向海　波浪情缘——邱大洪传

鉴于码头结构的地基条件，连云港多年来采用的都是高桩梁板式的桩基码头形式。防波堤是抛石防波堤，由于地基处理没有有效进行，认识不够，或者技术上的制约，防波堤建设过程中大大小小的滑坡事件发生过很多次。

作为大连工学院的代表，邱大洪参加这项工作后，提出了许多很好的具体建议和解决方法，从而使这些技术上的关键难题得到了很好的解决。

首先，邱大洪提出了集装箱码头采用双排管桩结构这样一个新的设想。这种结构形式，在国内是首创。连云港当时建了一个管桩车间，生产直径是1.2米的高强度混凝土管桩。这个管桩一节一节从中间穿高强钢丝，然后连成一个整体。这个大管桩作为一种新型的构件，在国内也是首次使用。邱大洪以大管桩作为基本构件，来设计新型的双排管桩准重力式的码头结构。因为它的形状是一个板凳状，所以当时给起了一个很通俗的名称，叫"邱式板凳"。在我国港工界提起这个称呼大家都知道，也感觉非常亲切。

邱大洪的设计思想常常来自施工现场，而不是设计室。他经常带领指挥部的几个大学生，到连云港施工现场进行调查研究，掌握第一手资料。许多公式和计算方法都是通过施工的现场勘查掌握实际情况，经过分析收集的资料加以筛选、提炼而确定的。他每次来到施工现场，都详细了解施工进度，施工中存在的问题以及相关设施的配置问题。邱大洪特别强调，要在保证工程质量的前提下，积极协调和配合施工方加快施工进度。要对调研发现的问题进行认真思考和梳理，提出务实的解决对策。他认为，谁都知道现场危险、辛苦,但坐在设计室里设计出的方案往往脱离实际,其结果不可靠的。

为了搞好这项技术攻关,邱大洪利用业余时间为指挥部的 50 多个工作人员授课。授课的内容主要是畸变波、关于双排管桩码头地基 $m$ 值的计算等。这些理论许多学员都没接触过。针对这些学员的特点,邱大洪在授课过程中非常注重启发性,不搞注入式。他讲课时表现出的娴熟论证技巧和严密逻辑性,令指挥部的每一位工作人员都折服。大家从中获益匪浅。由于理论比较深奥晦涩,邱大洪常常结合实际讲一些故事和比喻来帮助学员们理解和消化这门课程。他讲课幽默风趣、深入浅出,常常边讲边画,简单几笔,就把繁复的 $m$ 值的计算表达得清晰而又形象,使学员们学习理解起来非常容易。他常常一讲就是一两个小时,讲课内容总是不断创新,感染和激励指挥部的学员们勇于攻关,给大家留下了非常深刻的印象。

双排管桩结构方案如何实施?时任连云港指挥部指挥长金镠接受采访时曾做过这样的叙述:"这个方案(双排管桩结构)采用后,从理论上看,双排管桩从码头结构看,在连云港这个非常软的地基条件下是可以适应的。邱大洪老师相应地又提出了一些施工上的要求,以及现场进行观测的技术要求。这个方案得到交通部批准后付诸实施,由建港指挥部组织,先做试验段,具体施工单位是三航局第五公司。"[1]

---

[1] 金镠访谈录,2015 年 4 月 13 日,上海。资料存于北京理工大学"老科学家学术成长资料采集工程馆藏基地"。

洪流向海　波浪情缘——邱大洪传

在实施双排管桩方案时，邱大洪特别指出要首先解决清淤问题，清淤以后再回填块石。指挥部根据邱大洪的方案和建议向所有施工人员下达指令：桩打下去后，桩上有很多应变片，用线接出来，现场观测，施工中一要实现设计意图，二要做好现场的观测、分析。

因为双排管桩中间是一个很窄的空间，用大型挖泥船去挖是不可能的，所以清淤比较困难，达不到设计要求。指挥部组织的现场施工没有完全解决这个问题。由于当时施工能力的制约，回填块石的石料规格达不到设计要求。当时的运输车辆是手扶拖拉机，只能改用一些比较细的石料。这样做出的一个 24 米长的集装箱码头的试验段，在码头转角的地方碰到的第一个困难，就是清淤和抛填石块跟实际要求打了折扣。第二个困难是现场观测的应变片和导线拖出来以后成活率不是太高，有一部分应变片资料收集不到，最后发现桩顶位移 8～9 厘米，应变片测试结果表明桩身可能有问题。指挥部便下达了暂时停止施工的指令。

指挥部立刻找到邱大洪咨询，邱大洪经过分析后，认为原因主要有三方面：清淤不能完全达到设计要求；抛填的块石不能达到原来的块径要求；应变片的数据给桩身安全带来了影响。改进后指挥部下令继续施工，24 米的试验段做好以后，通过加载来观测这个码头的变形。施工观测结果证明，这个集装箱码头结构是成功的，堆载以后，码头位移、桩身安全没有问题。后来这个 24 米试验段，直接作为集装箱码头生产泊位的一部分使用到现在。

桩基码头的爆炸清淤试验，是由中国科学院力学研究所做的。在桩基已经做好的情况下,用小药量的爆炸来清除淤泥,桩顶位移 24 厘米,桩身也是安全的。后来经过分析计算,认为可能是嵌固点本身也有位移。所以,集装箱码头的双排管桩结构在连云港的试验段,虽然经过了曲折的过程,但从设计理论到施工工艺,到后来的实际使用,都表明是一个成功的结构。就这样,双排管桩运用在大型码头结构实验成功了,"邱式板凳"终于付诸实践,为连云港的建设解决了技术上的难题,也在国内创造了先例。国家教委组织鉴定,认为该双排管桩新结构方案为国内首创。

这个新型码头结构形式的提出,计算理论和方法以及施工工艺,整套都是邱大洪和当时他的助手赵乃义提出来,并带领指挥部的一些青年人共同完成的。后来这种大型码头越来越多,地基处理上的经验也越来越多,这个过程中,邱大洪做出了突出贡献。新型双排大管桩码头结构兼顾了双排板桩和重力式结构的优点,采用无承载面板码头结构和桩间分层填沙加固工艺。研究中通过整体受力变形计算、桩基受力变形计算和模型试验验证,提出了新的设计计算模式。该结构及计算方法的提出,对丰富大管桩码头结构形式、完善码头结构理论计算方法具有重要意义。"新型双排大管桩码头上部结构研究"成果于 2003 年 5 月通过了交通部水运司组织的审查。

新型码头结构形式推出后,许多其他码头都采用了这种结构形式。在深圳赤湾港 9 号深水泊位集装箱、散粮码头工程设计中,邱大洪又对全直桩方案的计算理论做了深入研究,其研究报告为最终采用该方案提供了科学依据。

洪流向海　波浪情缘——邱大洪传

对于邱大洪在连云港的工作,时任连云港指挥部的指挥长金镠给予极高评价,他说:"邱大洪老师在连云港建设上做了很多的贡献。第一是技术上的指导,第二是思想上的创新,第三是他作为教师诲人不倦,非常乐于把自己的知识传授给年轻同志,传授给我们这些人。"[①]

# 伶仃洋里的淤积
## ——广州港西线水道开发

1989年,广州港务局就提出在伶仃洋选择合适航线,以满足广州港3.5万吨级出海航道的需要。由于当时对伶仃洋海区的动力特征了解不全面,对西滩演变及泥沙运动掌握不透彻,以及广州港和深圳港的航道规划不成熟,许多部门提出的治理改造伶仃洋航道的方案都不十分理想。鉴于该工程在经济上的重要性和技术上的复杂性,1991年,国家将伶仃洋3.5万吨级航道的整治技术列为"八五"重点攻关项目(专题)。

交通部非常重视这个研究课题,邱大洪参加了这个项目的历次专家评审会议,并在会后认真阅读有关资料,经过深思熟虑后,他提出:推荐采用伶仃洋的西航道。西航道附近有一个浅滩(伶仃洋西滩),是伶仃洋内含沙量最高的地区,也

---

① 金镠访谈录,2015年4月13日,上海。资料存于北京理工大学"老科学家学术成长资料采集工程馆藏基地"。

是能够引起西线伶仃水道淤变的关键因素。当时除了邱大洪以外的所有专家都担心西航道开发以后会产生严重的淤积。

在每次会议期间和会后,邱大洪都与课题组的每一位成员进行沟通,还通过遥感卫星照片、岸滩演变分析、数学模型、物理模型等多学科研究结果,初步判断西滩的泥沙不会大量运移到航道里来。因为洪汛落急时段,在西滩前沿边缘地区,自伶仃洋北部湾顶至南部湾口形成一条明显的水沙动力相对平衡的界面。在该界面线上,流速和含沙量的法向梯度很大,该界面线与水下地形$-4$ m$\sim -5$ m等深线基本一致,这是阻止西滩高含沙量浑水向东扩散的屏障,并促使西滩形成一条自北向南进而折向西南的输沙走廊。另外,西滩按规划的围垦方案全部实现后,在洪水季节,泄洪的大潮落潮时,西滩边缘的水沙动力相对平衡界面线和输沙走廊仍然存在,从而阻止了西滩大量泥沙进入西线伶仃洋航道,也不会产生大量的淤积。更进一步研究,他提出一定要做个三维数模,看看西滩这个沙悬扬起来再落下去后,会不会落到航槽里,这个建议被攻关组采纳了。

按照邱大洪的建议,攻关组做了个三维数模送给邱大洪看。他看完后,认为很好,并且提出能不能做个数学模型计算后处理的动态显示,直观地让专家和非专业人员都能够看到,这个沙悬扬起来后是不是到航槽里边去了。根据邱大洪的意见,攻关组成立了自选攻关课题,叫仿真动态可视化,经过数模计算和仿真动态处理之后,可以清晰地看到西滩的沙在当地掀起来后又在当地沉下去了,没有往西航道里走。看到攻关组的三维数模,交通部非常满意,立刻批准了推荐西航道的这项工程。

广州港伶仃洋西航道从"八五"攻关结束后,就开始挖掘,这条航道准备浚深到-17 m,是非常成功的。另外,邱大洪在会上反复强调:不是东航道很差,实际上东航道从地理位置来讲比西航道还要好一点,没有浅滩,但有两处浅埋的岩礁,如果延伸开挖到-17 m,要炸礁的,工程量比较大。邱大洪还提出,为了保证广州港与深圳港(西部)各自发展的需要,广州港开发西线伶仃洋水道、深圳港开发东线铜鼓水道是合理的。邱大洪从技术、经济、政治等多角度,为广州港伶仃洋东西航道选线论证提出了非常宝贵的建议,并且被采纳实施。

## "百亿工程"——温州浅滩围涂工程

作为温州(洞头)半岛工程控制性部分的温州浅滩工程,从1994年开始,温州市政府就邀请有关方面对工程目标进行试验论证。论证的结果是非常乐观的。该工程的完成,除了可彻底改变洞头海岛的交通外,一期大约可以造地20平方公里,整个目标大约可以达到造地880平方公里。如果将垦殖区、养殖区、蓄淡水库区同时连接陆路交通,状元岛可建深水码头,海岛旅游、港口、运输等也可带动开发。该工程主要依托瓯江口外温州湾得天独厚的密布沙滩和岛屿林立的自然优势而规划建设,涵盖水利、道路、港口等建设项目,主要有浅滩工程、洞头五岛连桥工程、灵昆大桥等,其中浅滩工程是整个半岛工程的控制性工程。

1996年1月,温州市将《关于温州浅滩围涂扶贫工程有关事项的请示》上报省政府,要求同意建设浅滩工程,并转报国家有关部门审批。当时的有关省领导就此做了批示,要求省计划经济委员会对该项目进行评估、论证,并将此工程列为浙江省"五大百亿工程"之一。1997年12月29日,在温州(洞头)半岛工程动工的同一天,温州浅滩前期工程同时开工。人们要以最快的速度,尽早实现沧海变桑田。

鉴于工程的重要性,以及工程建设对航道、防洪排涝等方面可能造成的影响,市委、市政府对浅滩工程建设前的可行性研究十分重视。1999年10月开始,委托国家海洋局东海分局,在瓯江口约1200平方公里海域范围内进行水文测验和水下地形测量工作。在此基础上,又委托国内水利、交通研究权威单位——南京水利科学院和交通部天津水运工程科学研究所,分别采用物理、数学模型和卫星遥感等研究手段,就浅滩工程建设对市区防洪排涝、乐清湾水产养殖业及港口航道等方面可能造成的影响进行专题实验研究。同时在洞头霓屿岛附近建造1800米实验堤,进行实地观察、观测。整个实验研究历时1年零6个月。研究涉及区域之大、内容之广、课题之多,在国内类似河口工程建设研究中也是少见的。

为了给温州浅滩工程建设开具"通行证明",2001年4月7日至9日,温州市政府主持召开温州浅滩工程物理、数学模型研究成果评审会。会议邀请中国科学院邱大洪院士,中国工程院梁应辰院士、陈吉余院士和严以新、赵方铠、罗肇森、张瑞凯、杨希宏、王汝凯、曹祖德、林炳尧八位教授组成专家组,就研究成果进行评审。时任市委书记蒋巨峰出席了评审会。与会人员听取了研究单位——南京水利科学研究院、交通部天津水运工程科学研究所有关研究成果的汇报,实地察看了浅滩工程现场。专家组认真细致地审阅了研究报告,经过充分、热烈的讨论,形成了一致的评审意见。

温州浅滩围涂工程可开发大片土地,是一项规模宏大的围涂造地工程,对促进温州经济发展具有重大意义,并为实施洞头半岛工程和开发温州港状元岙深水港区创造了基本条件。工程实施后,对瓯江南、北两口及其上游没有影响,不会改变瓯江河口流态和潮流结构,从宏观上来看对河口及出海航道的整治有利。逢百年一遇的洪水时,温州市防洪排涝条件基本不变。大麦屿港区和乐清湾的潮流场和盐度场,不会因本工程而发生变化。

## 坚决保留汊道口——洋山港工程建设

1996年4月,上海港根据建设国际贸易、航运中心的需要,规划建设一个15米水深的港口,这个工程比较大。毫不夸张地说,这个深水港是我国在外海建的最大的一个港口工程。当时的黄浦江已经水深不够了,长江口水深和沿海水深也不够。上海市距离南归水27.5公里有个外海。建港指挥部在长江沿线选了很多港口,在杭州湾里也选了很多港口,水深都在10米左右,没有15米的水深,指挥部只好打破常

## 工程咨询

规,跳出黄浦江,在长江口外边,舟山海域里面选了一个叫洋山港的深水港,这个港区是在离岸30多公里的岛礁群上,如果建成,将成为世界最大的离岸深水港,它的建立关系到上海市的发展。

这是一件大事,所以在立项洋山深水港区建设项目时,上海市进行了很多前期工作,对洋山港区的自然条件和建港条件进行了科学的勘察、水文泥沙测验、航运条件以及经济分析,对可能的建港方案开展了数学模型和物理模型试验。同时,还召开了许多次专家论坛,以论证建此深水港是上海国际航运中心建设的迫切需要。

洋山港一期工程模型试验专家评审会(1999年)

### 洪流向海 波浪情缘——邱大洪传

邱大洪从 1998 年开始,就被建港指挥部聘为专家顾问,他一直参加这个项目的论证会,而且一直主张在这个地方建港,逐步封堵汊道。他非常赞同总体规划中将洋山港变为一个大通道的方案,北侧小洋山全部封堵,随着二个、三个汊道逐步封堵以后,如果保留颗珠山汊道,能够使西部这个港区更好,它很可能还会形成一个水深更深的港区。对于洋山港立项的艰难和邱大洪在洋山港的贡献,原上海洋山港建港指挥部总工、邱大洪的学生邵荣顺记忆犹新。他回忆说:"这个港口从技术上来讲比较复杂。第一,它在上海市的外海,波浪、水文泥沙都比较复杂。另外,它由一个个小小的岛组成,有 34 个岛屿连成现在这个港口。技术上比较复杂,自然条件比较恶劣,所以引起学术界的争论也较多,分歧比较大。在上海市委的领导下,最后吸纳了各派意见,开了无数次专家会,不仅有国内知名专家,还邀请了荷兰、澳大利亚、美国等很多国外专家。邱大洪就是众多特邀专家之一。在洋山港建港问题上,邱大洪规划目标清楚,起到了领路作用。"[①]

2000 年,在上海市"建设三港,服务全国"研讨会上,邱大洪做了《要尽早尽快建设上海国际航运中心集装箱深水枢纽港——洋山港区》的发言,他认为"上海国际航运中心集装箱深水枢纽港——洋山港区具有优良的自然条件和建港条件、可靠的箱源基础、完善而便捷的集疏运网络、良好的经济效益和营运保证,依据国内现有的设计、施工能力和水平,采

---

[①] 邵荣顺访谈录,2015 年 4 月 13 日,上海。资料存于北京理工大学"老科学家学术成长资料采集工程馆藏基地"。

工程咨询

参观洋山港物理模型试验(2000年1月)

用传统施工方法,只要精心组织设计、施工,在设计、施工全过程中加强研究,及时采取有效措施,就没有什么不可克服的技术问题。到2005年,即用4～5年的时间建成洋山港区一期工程是完全可以做到的",他的预言很快就得到了证明。

洋山港建港指挥部从选址到规划先后用了6年时间,在2002年6月正式开工,到2008年12月,洋山港的一、二、三

### 洪流向海　波浪情缘——邱大洪传

期工程基本建成,5.6 公里的码头深水岸线,有 16 个深水泊位,年吞吐量大概是 930 万标箱。几年过去后,港口的水域、水深状况都非常好,水域比较平稳,装卸作业比较正常,一年的作业天数,当时的估算不少于 315 天,实际上不少于 350 天。这些数据足以证明邱大洪的预言是正确的。

2008 年,四期工程的规划研究提上了议事日程。当时洋山港四个口子,堵一个口子建一个港,三个口子堵完了,要堵第四个口子,就是四期工程要开始了。前三期工程建设完成后,工程水域的边界条件发生了较大变化,潮流动力、输沙通道、水下地形也与建港前的原生态有所不同。"封堵汊道"这一原则是否适应变化的环境?建港指挥部认为有必要重新开展论证。

洋山港的四期工程论证会在上海召开,专家们提了很多问题。他们认为天津港的含沙量是 0.4,黄花港是 0.47,长江口平均含沙量是 0.45,但洋山港的含沙量达到 1.0,翻了一番,所以它的淤积问题很严重。他们的意见是这个港在高含沙的条件下,最好不要开工。

作为会议的当事人之一,上海同盛投资(集团)公司副总裁王宣曾做过这样的回忆。"那年,我们召开了一次全国范围的专家研讨会,邀请包括多位院士在内的 24 位专家到会,进行四期工程的前期论证。"那次会议至今令他记忆犹新,因为专家展开了深入探讨和争论,8 位专家认为应封堵颗珠山汊道,8 位专家认为应保留,还有 8 位专家没有表态。[①]

---

① 俞陶然.深水岸线如何又"长"出 2 米深.解放日报,2015-01-27.

审查会一开始，4位总工程师相继发言，一致赞成采用封堵颗珠山汊道的方案，主要理由有二：一是洋山港是高流速高含沙量海区，是极易发生严重淤积的海区，既然前三年通过三个汊道封堵取得了极其良好的减淤效益，实践证明封堵汊道的措施是有效的。顺理成章，颗珠山汊道也应采取封堵形式。二是通过前三期的三个汊道封堵，港区已形成，码头岸线顺直，港池通顺，码头陆域成片，如果第四期建港继续采取封堵汊道的形式，岸线、港池延长，陆域进一步扩展，更利于港区的交通管理、航运调度和物流的运输，形成一个完整的新港区。

会上，邱大洪发表了自己的意见，他改变了原来同意总体规划中把洋山港区形成一个大通道方案的观点，根据最近几年现场实际观测的资料及数据，以及他熟悉的水力学的基本原理，科学地阐述了自己的观点，认为在大通道由西向东倒喇叭口的西端入口处，落潮时如果在小洋山侧保留颗珠山汊道，与大洋山侧已有的天然汊道相配合，这两股落潮水流的出水出沙，不仅能减轻大通道由西向东倒喇叭口东端出口处水流堵塞的压力，而且还可以把相当一部分泥沙通过汊道，在到达已建成的一、二、三期码头之前，就被拦截通过汊道排出港区，可保持甚至改善前三期已建成码头的水流泥沙条件，而且还可以把四期工程的港区由原来的浅水港区变为深水港区。他认为上海国际航运中心目前不仅缺少码头，而且更重要的是缺少深水码头，封堵了汊道，码头再建下去等级越来越小了。颗珠山汊道已有一定的深槽和深水岸区可以利用，因此应该保留颗珠山汊道，充分利用颗珠山汊道的深槽和深水岸线。我们要为生产单位着想，封堵颗珠山汊道,白白地浪费了汊道内的深水资源。另外,据现场实测资料,颗珠山汊道已成稳定形势,而封堵汊道,使水流发生巨大改变,势必影响封堵后的动力地貌,这是不利的。既然已经看出来这个地方保留颗珠山汊道可以发展深水岸线,建设深水码头是可行的,风险虽大一些,但我们应该拿出来再仔细研究。因此建议目前先不封堵,应该因势利导,加强现场水文泥沙观测,为最后决策提供更可靠的科学依据。

  为了做好关于洋山港的访谈,邵荣顺专门到指挥部的档案馆查阅了这次论证会议的记录。他对采访组说:"2008年4月6日,我们关于这个汊道做了5份论证报告和2个大的模型。全国各地24位专家参加了论证会,其中8位专家赞成汊道要封死,8位专家要保留,还有8位专家是中间立场。邱大洪老师的观点,基本上和我们建港指挥部是一致的。我翻阅了当时的会议记录,邱老师意见很明确:建议目前不宜封堵这个汊道。这个汊道到底留还是不留,我们到2015年再看。第一,这个汊道留了以后,基本上保留了这部分的西北边的一个槽动力,而且这个汊道的出沙出水量还在增加;第二,我们这个四期原来规划为支线船泊位、小船泊位,是千吨级的泊位,现在水深增加了以后,留了这个岔道,原来规划是5万~7万吨级的,现在可以做10万吨级的深水泊位。最后,指挥部决定,按照邱大洪教授的意见,四期工程单独开建深水码头。"[①]

---

  ① 邵荣顺访谈录,2015年4月13日,上海。资料存于北京理工大学"老科学家学术成长资料采集工程馆藏基地"。

工程咨询

另一位会议亲历者曹祖德告诉采访组说:"那次会给我的印象很深,邱大洪的态度是,只要符合国家的利益和需要,我们就要排除万难,坚持到底。他性格刚直,讲话直率,不唯上,不唯书,一切从实际出发,根据深水港的实际情况决定施工设计方案。他提的方案具有创新性,敢于打破常规,走前人没有走过的路。这次会议已过去好几年了,但那次会议上的激烈争论场面,我至今记忆犹新。这次会议,使我对邱老师热爱事业、认真负责的态度和顶住周围的压力、敢于直言的刚烈性格有了更深的认识,这是我国科学家和知识分子所特有的无私、无畏的高贵品质。"[1]

2012年,这个课题通过了上海市科委组织的验收。研究发现,颗珠山汊道对平衡主通道的水动力、调节泥沙运输量、减少一至三期工程港池和航道的疏浚量具有十分重要的作用。同时,颗珠山汊道的存在,对形成四期工程港池水域刷深的格局,维持已建港区的良好水深条件是有利的。

关于洋山港四期工程的规划论证情况,上海市委的领导非常关注,要求慎重选择方案。洋山港建港指挥部选择保留颗珠山汊道后,一直在进行实地观测、动态研究。实测数据显示,选择保留颗珠山汊道后的几年来,汊道的落潮量增加18%,出水出沙作用日趋增强;四期工程水域的平均水深从9~10米刷深至11~12米,平均刷深2米左右。

水深的增加,带来了可观的社会经济效益。仅就四期工

---

[1] 曹祖德访谈录,2015年4月15日,南京。资料存于北京理工大学"老科学家学术成长资料采集工程馆藏基地"。

洪流向海　波浪情缘——邱大洪传

程港池水域而言,将减少约 800 万方疏浚量。四期码头的泊位等级,则从 5 万～7 万吨级提升至 10 万吨级以上。

根据 2015 年 1 月 27 日《解放日报》介绍,"这是小洋山岛的最后一段岸线。利用汊道水动力将自然水深平均增加 2 米,对缺乏深水岸线资源的上海港而言弥足珍贵,对上海建设国际航运中心具有重要意义。在洋山港四期工程案例中,通过政府、企业、高校和科研院所的资金投入,产学研聚焦重大工程,进行科学预测,巧妙利用汊道水动力增加水深,提升了泊位等级。实践证明,该预测的经济产出远高于投入。这一案例还揭示出,上海的科技创新中心建设应融入四个中心建设,成为四个中心的有力支撑。无论是国际航运中心,还是国际经济、金融、贸易中心,都离不开科技创新的力量,只有彼此融合,才能发挥最大效用。"

## 院士特殊贡献奖——曹妃甸港工程建设

2009 年 10 月,为鼓励中国科学院、中国工程院院士来河北省开展科技活动,引进高科技成果,提升自主创新能力,促进河北经济发展,河北省委、省政府设立"河北省院士特殊贡献奖"。2010 年 3 月,邱大洪荣获此奖。

他的主要贡献,第一是选址建港。2005 年 1 月,国务院正式批准了《曹妃甸循环经济示范区产业发展总体规划》,这标志着曹妃甸的发展正式作为国家战略全面启动。规划原则上同意首钢集团实施压产、搬迁、结构调整和环境治理的方案，并在曹妃甸工业区建设一个具有国际先进水平的钢铁联合企业作为首钢集团搬迁的载体。同年3月，首钢集团正式宣布整体搬迁规划。随着首钢集团迁建工程全面投入建设，一批符合循环经济发展要求，具有产业链特征的项目陆续入区建设，完善配套的循环产业集群雏形基本形成。

　　首钢集团搬迁工程启动前，邱大洪进行了许多思考和研究，也向有关部门提出了很多很好的建议和设想。他认为："在有关方面探讨和论证如何开发利用此海域的过程中，首钢搬迁需要一个具有深水岸线，并有足够水域和陆域的空间，曹妃甸海域成了首钢搬迁新址的良好选择，这给曹妃甸海域开发利用提供了契机。根据河北省、唐山市的经济发展需要，一个利用曹妃甸海域建设临海工业区的总体规划设想就逐步形成并开始实施了。其后，冀东油田在曹妃甸邻近海域的油气发现，又进一步给予了新鲜活力。"[1]

　　如何建港选址？邱大洪曾从环境和生态等方面做了如下思考。他认为，当前我国经济发展已达到小康水平，特别是东部沿海各省的经济水平和实力基本上都已超前，而进一步地发展经济，特别是沿海大中型城市的经济发展，虽然有丰富的海岸线资源，但与之相应的土地资源却十分缺乏，已成为制约发展的一个瓶颈。因此，用新的思路来研究如何开发沿海海域空间资源就显得十分迫切了。开发利用海域的空间资源，是一项非常复杂的系统工程，其选址对环境和生态的影响，综合开发利用的社会和经济效益等，都需要充分

---

[1] 邱大洪.邱大洪文集.北京：海洋出版社，2011：887.

的论证。为此需要进行大量的前期研究和论证工作，才能对其选址、规模和功能做出科学的决策。

邱大洪经过一番认真调查和查阅文献，列制出两张表格，对我国和世界各国海岸线资源量进行比较。

邱大洪通过这两张表格分析了世界各沿海国家海岸线资源量，并与我国沿海各省的海岸线资源量进行比较。结论为：我国大陆沿海诸省的面积与欧洲国家的面积相仿，每1000平方公里海岸线的资源量，基本上也与欧洲大陆主要国家和美国处于同一水平上。而海南省的海岸线资源量则与英国相仿，但开发程度却远比那些经济发达国家低。由此可见，充分开发沿海各省海域空间资源，必将对我国经济快速发展起到巨大的推动作用。

河北省的海岸线资源量在全国沿海各省市中是最少的，但就其沿海城市来讲，其海岸线资源量也不少。更可贵的是，唐山市有一个曹妃甸海滩，经过开发后，可将唐山市直接拉向渤海的深水水域，使唐山市成为一个具有良好深水岸线的沿海城市。

另外，邱大洪参与了首钢搬迁工程的研究和论证。在首钢兰宝港填海建港工程预可行性研究论证会上，邱大洪指出曹妃甸港自然条件优越，是首钢进口矿石极佳的港址，建设20万吨级（兼顾25万～30万吨级）开敞式码头是可行的。这为京唐钢铁联合有限公司在曹妃甸工业区选址建港提供了科学依据。

第二是参与工程建设工作。邱大洪较早参与了秦皇岛油港、曹妃甸港等工程建设的有关工作。从1992年，邱大洪就开始对曹妃甸工业区的工程建设开展理论研究与实际调研,并认真研究了曹妃甸海域建设工业区的规划方案,提出:在曹妃甸潮滩上利用天然潮沟建设三个大型的港池,在港池周边根据需要建设不同水深的码头,将规划区内其余的潮滩填筑成陆,以提供必要的土地资源。在规划区甸头前沿的深水潮沟处建设大型的开敞式散货及油码头。

考虑到诸多因素,他还特别强调:由于在潮滩上成陆面积巨大,是否会影响甸头深沟的动力环境从而使潮沟淤浅,失去了水深的优势。为此,工业区管委会委托多家科研机构、高校、勘察和设计单位进行了理论、数值模拟和物理模型试验研究。根据这些研究成果的预测,由规划研究单位提出了工业区前沿的边界线以及规划港池的轮廓线。

邱大洪的这些建议为曹妃甸建设深水大港、曹妃甸港列入国家港口"十一五"规划,提供了科学的理论依据。

第三是科学技术的具体建议。邱大洪在曹妃甸多项大型工程建设中,在围海造地、港口工程结构设计、海岸工程流体力学、航道论证方面,提出了许多科学技术上的论证意见和建议,供决策参考,主要是:

(1)在一段时间内,多次定期参与区企业和项目建设所开展的有关海岸和近海造地工程等方面的咨询活动,如参与了曹妃甸工业区钢铁产业区南部、加工工业区西部二期、港池岛南部、港池岛北部、装备制造基地四期、仓储区西侧等多项围海造地工程初步设计审查会的论证,提出了建议和供决策的科学依据。

(2)根据曹妃甸的地质条件,提出原则上可以在潮滩上按土层分布的不同,规划港池轮廓线,先在潮滩上建设码头岸壁(建造围堰、陆地施工),然后开挖港池,弃土于码头后方,形成陆域的建设原则,可以用较经济的建设成本取得较好的工程质量、较快的建设速度。

(3)对工业区建设码头的结构形式进行分析后,提出根据不同码头结构形式,优化围堤轴线位置,并指出码头前沿线不宜在围堤结构范围内,从而避免对后期码头建设的造价及施工造成不良影响。

(4)对曹妃甸工业区的多项工程建设项目的设计方面,在满足工期、保证质量和降低建设成本的前提下,提出合理化建议。

邱大洪的具体建议方案如下:

**第一条:对《东南段海堤(二期)工程初步设计》的意见**

一、补充海堤内侧的设计坡要素,特别是建设基地 BC 段中的 GC、CD、DE 段的设计坡要素。根据海堤内侧设计坡要素,进行海堤内侧护面结构的设计,特别是建设基地范围内 GCDE 段海堤的内坡,似乎没有必要采用 300～500 kg 块石来护坡。

二、同意东南段海堤结构断面的外侧采用抛石体结构方案,建议在外侧扭王字块护面下端设置水下护脚棱体(棱体顶面标高和棱体所需块石重量可通过模型试验来确定)。这样更有利于增加抵抗护面块体沿坡面下滑的稳定性,而且估计还能降低部分造价。断面中,水下抛石棱体采用 600～800 kg 块石似乎太大,应根据规范,按计算得的护面块体重量的 1/5～1/10 选取为好。

三、本工程建设时的取沙区位于东南区建设基地的填方范围内,是否合适。

四、建设基地工程与海堤工程的施工工期如何搭接。如海堤工程在前,则 GC、CD、DE 段的内侧,应与建设基地 FG 段围堤临海面的设计相协调。如建设基地的建设需在海堤工程未全部完成前开始建设,则 GC、DE 段海堤的内侧,可采用与 FG 段围堤内侧相同的方案,以减少投资。

五、设计中海堤的护面块体采用扭王字块,而工程概算中做的是四脚空心块,二者有没有差价?[①]

**第二条:对《东南区建设基地造地工程初步设计》的意见**

一、FG 段围堤的设计坡高、坡长,选用得似偏大,此处应取小风区 SW 向,风区长度 12 km,最大风速 13 m/s,平均水深 2.0～2.9 m,按规范公式

$$\frac{g\overline{H}}{U^2}=0.175\left\{1-\exp\left[-0.008\left(\frac{gF}{U^2}\right)^{1/2}\right]\right\}$$

计算,可得

$\overline{H}=0.574$ m, $H_{1/3}=0.918$ m, $H_{1/10}=1.166$ m, $\overline{T}=3.57\sqrt{H_{1/10}}=3.85$ s。此时,可计算得,在水深 2 m 处的坡长为 15.5 m,在水深 2.9 m 处的坡长为 17.82 m。

二、如果选用以上推算结果,FG 段是否可考虑做一个块石护面方案进行比较。我初步按防波堤规范估算了一下护面块石的重量,即使波高采用 1.2 m,若边坡采用 1∶2,护面

---

① 邱大洪. 邱大洪文集. 北京:海洋出版社,2011:853.

块石重量不超过 150 kg。如采用块石护面,我估算了一下,有可能节约近千万元的工程直接费。

三、按防波堤规范计算斜坡堤前最大波浪底流速不超过 2 m/s。根据规范要求护底块石重量只需 60 kg,这样用 60~100 kg 块石就已足够,似乎不需要用 100~200 kg 的块石,而且东南海堤设计的内侧护底块石用的也是 60~100 kg 块石,这样 FG 段围堤临海侧堤前的护底用 100~200 kg 块石就没有什么必要了。①

**第三条:对《唐山港曹妃甸港区直立岸壁二期工程水工结构设计》的意见**

一、对水规院设计的意见

方案一:钢筋混凝土 T 形板桩承受全部土压力和地面荷载增加的土压力,负荷太大。钢筋混凝土 T 形板桩施打困难,板桩缝漏土问题不好解决。

方案二:四排灌注桩底标高应在一个标高上,不然各桩桩尖可能引起不等沉降,对上部承台极为不利。前排地连墙的拉杆拉在后排支承轨道梁的桩顶上,不合适,地连墙的锚碇桩应单独设置。

方案三:不赞成用钢板桩,后期维修工作量太大,四排灌注桩底标高应在一个高度上,不然各桩桩尖可能引起不等沉降,对上部承台极为不利。前排地连墙的拉杆拉在后排支承轨道梁的桩顶上,不合适,地连墙的锚碇桩应单独设置。

---

① 邱大洪. 邱大洪文集. 北京:海洋出版社,2011:855.

二、对一航院设计的意见

方案一：分离卸荷式地连墙板桩结构在唐山港有使用经验。受力明确。没有考虑 30 m 跨集装箱桥吊的后轨，不知何故。三排灌注桩桩尖应在同一标高上为好。承台结构较复杂，图中看不出桩顶是桩帽还是纵梁，承台板 0.8 m 薄了些，是否可将承台板加厚，与桩帽或纵梁合在一起，在浇筑承台板时，把灌注桩顶预留的钢筋和承台板中的钢筋连在一起，形成整体刚架结构，可大大增大结构的刚度。

方案二：在这里采用重力式沉箱结构不妥。不赞成此方案。[1]

邱大洪以上三条建议方案为解决曹妃甸工程建设、解决技术难题提供了行之有效的方法，为曹妃甸的施工按期完成做出了卓越的贡献。

(5) 在曹妃甸工业区建设的几年施工过程中，就如何顺应曹妃甸海域动力环境的变迁进行海域开发利用和如何适应曹妃甸海域工程地质条件进行工程设计与施工方面提出了意见和建议。

---

[1] 邱大洪. 邱大洪文集. 北京：海洋出版社，2011：855.

# 参政议政

## 参政议政

邱大洪1992年担任全国政协委员，1997年担任全国政协常委。在十年的参政议政过程中，他通过认真看书学习和反复思考，对国家经济社会发展和各方面的困难、矛盾，都有较深的理解。他对国家西部大开发、国民经济与社会发展、司法改革与依法治国等问题都有自己独到的见解和深刻的认识，心中总有一份沉甸甸的责任。他对待每一份提案都像对待科学研究和工程设计一样，言之有据，具体可行，绝没有空话和白话。

邱大洪自1952年分配到大连工学院（现大连理工大学）至今，一直没有离开这片他深深热爱的土地，他曾满怀深情地说过：大连是个好地方，我非常喜欢这座城市，我要在有生之年竭尽所学，为大连多做些事情。为了大连的建设和发展，他常常夜不能寐，经常陷入深深的思考中。

## 大连滨城资源开发与生态环境保护

占地球表面积71%的海洋是一个巨大的资源宝库，除了丰富的水资源与生物资源外，还有种类繁多、数量巨大的海洋石油及其他矿物资源。此外，海洋空间也是一种潜力巨大的资源。在陆地上可用资源日渐枯竭的今天，海洋空间的作用也更显重要，正在成为人类的第二个生存空间。21世纪将是人类对海洋的开发利用空前迅猛发展的时代，我们也应该密切关注海洋环境保护问题。

我国拥有广阔的海域，所属海域面积约占陆地总面积的

1/3，海岸线全长 18000 多公里，并有 6500 多个面积在 500 平方米以上的岛屿。根据《联合国海洋法公约》，我国所管辖的海域面积有近 300 万平方公里(相当于我国陆地国土面积的 1/3)。中国要解决好人口、资源和环境问题，在 21 世纪中叶进入中等发达国家水平的一条重要出路就是走向海洋。但我国现阶段总体上海洋开发程度较低，还存在着对某些资源的浪费和对环境的破坏。因此，我国 21 世纪在海洋开发利用和海洋环境保护方面前景广阔，任务艰巨。

面对这些复杂和严重的环境，邱大洪思绪万千，忧心忡忡。这位有理想、有追求、有责任感，善于思考和探索的老科学家经过深思熟虑后，于 2001 年 4 月在青岛召开的"2001 海洋科技与发展国际论坛"上，做了一个《21 世纪海岸和近海工程学科中的科学技术问题》的发言。在发言中，他首次提出了在沿海建设大型人工岛的问题，并预期 21 世纪可能会出现能容纳 10 万人的海上人造城市。

会后，一些记者对此特别感兴趣，追问他在什么地方会有这样的建设。当时，他还无言以答。时隔 20 年，他的预言实现了。我国沿海各省市已经或计划开发许多大大小小的人工岛或人工岛群。在这个过程中，邱大洪发现，有许多地方只是为了自身的局部利益，没有进行充分的研究，存在无序开发的现象。他收集和整理了一些世界各沿海国家在海域空间资源开发方面的资料，并对日本人工岛建设的历程做了分析，提出了一个"沿海海域空间资源综合开发利用原理"的构想。他结合当时正在为大连市进行的"大连湾综合开发利用预可行性研究"课题的科研实践，写了一篇《关于我国沿海海域空间资源综合开发利用的思考》的论文。在 2006 年 10 月 10 日—12 日的第 285 次香山会议上,邱大洪做了报告(该会议的主题是"我国海洋科技工程战略研讨")。那时邱大洪和章梓雄院士正在做中国科学院的一个关于"我国海洋科技工程战略"咨询项目。21 世纪初,邱大洪在湛江、福建、南京等地多次结合当地实际做了这方面的报告,目的是提请工程界和学术界的关切和注意。在这方面,他也多次在一些省市的发展海洋经济的专家座谈会上发言,呼吁发展海洋经济时要科学用海和依法管海。

关于人工岛建设,邱大洪对需要解决的几大关键性技术提出如下建议:建造人工岛,应根据可利用海域空间的规模和功能,在尽可能顺应海域自然条件的情况下,选定建设人工岛的地理位置,以及人工岛合理的外轮廓形状并选择合理的结构形式。

人工岛的建设对海洋环境和生态的影响较大,例如,大型人工岛引起对周边海底的冲刷和对海水水体的污染,以及超大型浮体覆盖海面对底栖生物生态环境的影响等。怎样对环境和生态做出评价,如何采取对策减小其影响以及采取哪些有效措施改善环境和修复生态,这些重大技术课题在建设之前就应引起极大关注。当然,在远离陆地的海上建设大型人工岛的施工技术也是巨大的挑战。

近十几年来,大连这座美丽的海滨城市常常被包围在喧嚣和嘈杂中,上下班车多路堵,行进困难。望着那一望无际的车龙,耳边响成一片的汽车喇叭声,满眼的红色刹车灯,生活在大连这座城市的邱大洪心急如焚,异常焦急。为解决大

### 洪流向海　波浪情缘——邱大洪传

连主城区和新市区之间日益拥堵的交通问题,并为后备集装箱深水港的建设奠定基础,经过深思熟虑后,邱大洪提出"隧—岛—桥"三管齐下的建设思路,实施跨海交通,建设人工岛和深水港,整治大连湾,综合开发利用大连湾的战略构想。他亲自主持整个项目的研究工作,其相关课题包括社会经济影响、跨海交通概念设计、人工岛概念规划、海洋生态环境影响、通航安全影响、建立潮流数学模型及潮流物理模型等,对大连湾综合开发利用进行了较为全面的研究和论述;同时指导了大连理工大学设计院多项具有重要战略意义的规划和设计工作,得到大连市政府和相关专家的高度评价和重视。

进入 21 世纪以来,我国沿海海域空间资源的开发利用活动日益增多,海域污染问题也日益严重。邱大洪指导沈永明开展了关于水污染机理和数学模拟方面的研究工作。研究中,需要一个很重要的参数,就是在波浪场和波流场中污染物的扩散系数。邱大洪科研团队开发了一种叫粒子图像测速弦(PIV)和激光诱导荧光测量技术(LIF)的新技术,可同步量测在波浪作用下,甚至是在波浪破碎时的速度场和污染场,由此得到了一些关于波浪作用下,污染物扩散系数的进一步认识。

为了使 PIV 和 LIF 新技术得到广泛应用,在邱大洪的指导下,他的学生们开发了定点破碎造波软件,改善了 PIV 流场测试系统,进行了波浪、波浪水流相互作用下流场结构的实验研究,初步揭示了空间分布和时间过程特征及流速梯度、波浪破碎的能量损耗等特征参量;改进了多种非破碎波浪、破碎波浪的数值模型和算法,建立了波浪破碎能量损失、波浪增减水、波生流及海岸低频波浪的数值模型,并建立了高精度的对流扩散方程的数值格式和包含多个水质参数波流作用下的污染物扩散输移的数值模型。应用上述数值模型和方法,研究了波浪辐射应力、波流相互作用的底部切应力,探讨了波流共同作用下的污染物的对流扩散问题,并对近岸模拟海区的污染物浓度进行了计算。用实验研究对上述模型进行了相应的验证,取得了明显的进展。

自开发 PIV 和 LIF 新技术以来,邱大洪始终支持、组织并且积极地参与这项工作,为解决近海海水污染问题付出了艰辛的努力,贡献了自己的力量。他们用微分方程建立包括水中二十几种有机物质和无机物质的模拟水质模型,在考虑物理、化学和生物的综合作用下,研究它们的变化过程,并且做出了关于水质的精细预报。在大连湾和香港维多利亚港做过两次现场验证,都取得了比较满意的结果。这项成果以它的创新性获得了较高的评价,具有重大的现实意义和理论价值,1999 年获得了教育部科技进步二等奖。这项研究目前还在深入发展。

这项研究进行的同时,邱大洪还指导沈永明等进行了另一项有意义的研究,就是探求潮、波、波流共同作用下污染物的迁移转化规律。在大量的理论计算和模拟实验的基础上,已经取得了很好的成果,掌握到了过去不知道的一些规律,为水污染控制和水综合治理提供了科学依据和可靠手段。

*洪流向海　波浪情缘——邱大洪传*

## 西部大开发的新思考

2000年6月21日,政协第九届全国委员会常务委员会第十次会议在北京举行。这次会议的主要议题是讨论实施西部地区大开发战略问题。时任中共中央政治局常委、全国政协主席李瑞环主持会议。时任中共中央政治局常委、国务院副总理李岚清在会上做了题为"以科学求实创新的精神推进西部大开发"的报告,着重讲了三个问题:一是当时我国区域发展的基本情况;二是实施西部大开发战略的重大意义;三是实施西部大开发要有新观念、新思路和新机制。李岚清强调,西部大开发是利在当代、功在千秋的宏伟事业,希望人民政协充分发挥人才荟萃、联系广泛的优势,组织和引导广大政协委员,与社会各界一道,为推进西部大开发战略贡献智慧和力量。欢迎与会常委就西部大开发问题提出意见和建议。

邱大洪出席了这次会议,并积极地参与了讨论。他根据李岚清报告中的三个问题分析了当时我国区域发展的基本情况,将其归纳为四个方面:一是各地综合经济实力不同程度地得到增强;二是经济结构调整出现积极变化,生产力布局得到一定程度的改善;三是区域经济联系加强、经济协作深入推进;四是全方位对外开放整体格局逐步形成,不断深化体制改革。对基本情况进行分析后,邱大洪认为:西部开发仍相对滞后,以下五个方面的问题是根本原因。

(1)区域经济在快速发展的过程中,差距进一步拉大。

经过二十多年的积累,东部地区经济总量比1978年翻了近三番,而中部和西部分别翻了两番多。中西部地区人口约占全国总人口的60%,而1999年国内生产总值只占全国的42%,比1980年减少6个百分点。

(2)在基础设施普遍改善的大背景下,西部地区仍显得很薄弱。改革开放以来,全国基础设施严重落后的状况有了很大的改善。但是,西部地区铁路密度仅为东部地区的54.3%、中部的37.2%;城乡电网建设严重滞后,人均用电量低于全国平均水平;通信设施落后;等等。

(3)地区生态环境恶化问题进一步突出。由于粗放型经济增长方式尚未得到根本改变,技术水平和管理水平落后,生态环境在不少地方呈恶化趋势。特别是西部地区由于自然条件变化和经济、社会等方面的因素,在生态环境方面已成为全国较脆弱的地区。

(4)区域经济结构仍不够合理。地区间专业化分工协作程度较低,地区封锁、条块分割的现象仍然存在,商品和生产要素在全国范围内的自由流动受到许多限制,影响全国统一大市场的发育,不利于合理经济布局的形成。这也是地区经济结构趋同化和低水平重复建设的重要原因。

(5)贫困地区、边远民族地区、老工业基地的问题仍不容忽视。全国没有解决温饱问题的农村贫困人口,85%分布在中西部地区。

在谈到西部地区能否通过大开发获得大发展这个关键问题时,邱大洪指出:关键在人才。培养西部大开发所需要的大批人才,出路在于大力发展教育,加大发展教育的力度,只有这样才能从根本上解决人才短缺的问题。

如何解决人才问题？邱大洪进一步指出：一靠引进；二靠培养。从西部的实际需要看，引进是解决急需人才的捷径，培养则是满足西部大开发长远需要的根本途径。这两方面都应抓紧，刻不容缓。

通过上述分析，邱大洪得出的结论为："我们既要看到当前实施西部大开发战略的有利条件，又要充分认识到在西部开发过程中存在的困难和不利因素，坚定信心，在党中央的正确领导下，积极支持和参与实施西部大开发战略。"[1]

6月24日，政协第九届全国委员会常务委员会第十次会议完成了各项议程，胜利闭幕。时任中共中央政治局常委、全国政协主席李瑞环出席闭幕会。时任全国政协副主席叶选平主持闭幕会并做了总结讲话，把常委们的主要意见和建议归纳为九条：一、推进西部大开发要解放思想、实事求是，一切从实际出发；二、西部大开发的目标要根据西部各地的情况进一步具体化；三、制定西部大开发的各项政策时要注意体现物质利益原则；四、调整西部地区的所有制结构，促进民营经济的较大发展；五、把解决水的问题摆在西部基础设施建设的首要位置；六、大力培养和吸引人才，重点提高西部劳动者尤其是管理者的素质；七、把握环境容量，控制人口增长；八、高度重视民族宗教问题，维护边疆安全、社会稳定；九、加强法制建设，建立监督机制。

从叶选平的总结讲话中可以看到，邱大洪提出的建议得

---

[1] 邱大洪.邱大洪文集.北京:海洋出版社,2011:853.

到了采纳。邱大洪十分高兴,表示要积极反映各方面的呼声和要求,帮助党和政府掌握民情民意;向各界群众宣传、解释党和政府的方针政策,促进各方面认识和行动的协调统一。他表示愿意积极开展调查研究,为西部大开发战略的顺利实施献计出力。

## 建言献策国民经济与社会发展

邱大洪在任全国政协委员和常委期间,始终将国家、民族与人民的利益放在第一位。他经常说,"无欲则刚,我在撰写工程咨询报告或政协提案时,从来不考虑个人利益和得失,个人的得失不能计较,但国家的兴衰和人民的福利不能不计较"。他向来直言不讳、坦率真诚,直接切入主题,从不拐弯抹角。他的提案中除了涉及国家战略等问题外,还有许多坚持积极财政政策、完善股票上市等。此外,还就人民群众关心的热点问题提出了很好的建议和改进方法,例如养老保险问题、个人信用制度问题、工程建设质量等。

有一段时间,邱大洪认真阅读关于企业退休职工的生活情况,遇到退休职工,便与他们交谈,掌握了许多一手资料。通过调研,他看到社会上许多退休的企业职工生活十分困难,退休金很低。同时,退休后没有更多的娱乐与休闲方式,有的老同志从岗位上一退下来便郁郁寡欢。很多退休老职工家庭经济状况堪忧。一些人曾这样抱怨说:"青春献给党,老了没人养,想向儿女要,儿女又下岗。"邱大洪认为这些牢骚有一定的道理,我们的医疗体制改革存在一些问题,医疗费用比较高,让许多企业的退休职工看不起病,生病后只能拖着,以至于部分老人失去了精神寄托,相信骗子。

上述这些情况的发生,使具有强烈同情心的邱大洪非常难过,也非常着急。经过一段时间的思考和酝酿,他以"关于改善社会养老保险制度的建议"为题,向全国政协撰写了书面提案。他在提案中指出:"全国已建立起了统一的企业职工基本养老保险制度。但是,从当前社会养老保险制度改革的现状看,仍存在一些难以克服的实际困难。存在的主要问题:一是基本养老保险基金不到位、征缴率低,致使基金支付存在较大缺口,难以保障离退休人员养老金的按时足额发放,这直接关系到他们的基本生活保障问题。如辽宁省作为老工业基地,离退休人数众多,占在职职工比重高达37.1%,养老保险基金年支付缺口已接近20亿元。二是养老保险基金管理缺乏法律规范。三是社会养老保险覆盖范围不广,集中体现在集体企业和私营、个体工商业参保率很低,难以实现更大范围的基金调剂,使社会保障的调剂功能未能充分发挥出来。"

为了妥善解决好以上这些问题,他郑重向全国政协提出了三点建议:第一,尽快制定出台《基本养老保险法》。社会保险制度改革过程中遇到诸如上述实际困难,单靠地方法规和政府的行政性文件,是难以从根本上解决的。国家应在借鉴国际上的成功经验及我国基本养老保险制度改革已获得初步成功的条件下,不失时机地研究制定《基本养老保险法》,用《基本养老保险法》来规范基本养老保险制度,如:基本养老保险的适用范围和对象;基本养老保险基金的征缴;基本养老保险基金的管理;享受基本养老保险待遇的条件和标准以及对违反《基本养老保险法》的处罚等,以适应社会主义市场经济新体制的客观要求。为此,应加快《基本养老保险法》的立法步伐,用法律来规范基本养老保险工作,使其有法可依,切实保障广大职工及离退休人员的合法权益。

第二,开征社会保障税。我国目前实行的是根据现有企业离退休人员养老金的支付额,按照"以支定收,略有节余"的原则,按企业工资总额的一定比例,由企业和职工个人缴纳社会保险费的办法筹集养老保险基金。由于各地离退休职工占在职职工的比例不同,各地区之间养老保险费的提取比例差别很大。一些离退休职工多的地区,虽然养老保险费提取比例很高,但仍不能满足支付需要,养老保险基金当期出现巨额缺口,既影响了企业离退休人员养老金的按时足额发放,也造成了企业负担的不均衡,影响了企业的竞争力。开征社会保障税,实行统一税率,可均衡企业负担,同时也加大了养老保险基金的征缴力度。

第三,多渠道筹集养老资金。我国现在养老保险社会统筹实行的是"以支定收,略有节余"、现收现付式的养老保险制度,靠在职职工养老保险的征缴来保证离退休人员养老金的发放。由于以往计划经济条件下实行的低工资制,已经离退休和即将退休的老职工的原有工资中没有包括这部分养老保险的积累,他们应积累的部分已经随企业利润上缴给国家,凝固在固定资产中了。这种机制造成离退休职工和在职职工的养老保险个人账户都是空账运行。随着社会成员日益高龄化,养老保险基金的支付危机也越来越大,一些地区当期养老保险基金收支缺口巨大,仅靠养老保险费征缴很难保证离退休人员养老金的按时足额发放,必须建立相对稳定的筹资渠道,补充养老保险基金。国家可制定相关政策,结合国有企业的结构调整和资产重组,从国有资产变现、土地使用权转让或国有股出售收益中划出一块,投入社会保险基金。

## 关注司法改革与依法治国

邱大洪在担任全国政协委员和常委期间,最使他感到触目惊心的是一批大案、要案案犯的保护伞是来自司法部门中的腐败分子。听到和看到社会媒体的报道后,邱大洪义愤填膺,怒不可遏。他大声疾呼:"有些司法部门中的蜕化变质分子不但包庇和怂恿案犯,甚至沦落为他们的同案犯,这严重地败坏了司法部门在人民群众中的威信,削弱了党和政府与人民群众的血肉联系。因此,全面地加强司法部门中各级干部队伍的素质,就成为当前加强治安、稳定社会的一个十分重要和突出的问题。"

面对类似问题,有人曾请教过邱大洪这是为什么,邱大洪认真地答道:从根本上说是司法部门中个别人员的素质出了问题,不仅是政治素质问题,还有业务素质和道德素质问题。

为了充分表达人民群众的意愿,邱大洪向全国政协建

言,就如何全面地提高和加强司法干部队伍的政治素质、业务素质和道德素质等提出如下中肯的建议:

(1)加强政治素质和道德素质的教育。加强司法干部队伍的思想政治教育,自然是一项首要的措施。在进行思想政治教育时,结合司法干部队伍的特点,要特别强调树立正确的权力观和职业道德观的教育。司法工作人员的权力是很大的,但这个权力是人民给的。要正确地使用权力为民造福、为民除害,不允许滥用权力危害人民,给群众带来很大痛苦和损失,在社会上造成恶劣影响。要加强公正执法、严格执法的教育,加强法律观念,绝不允许徇私枉法、欺压群众。

(2)加强业务素质的教育。举办各种类型的学习班、培训班,学习各方面有关的法律、经济、技术专业知识,特别是有关"入世"后世贸组织的基本原则和游戏规则,这是一项十分重要的措施。如现在法院系统中,特别是在一些基层组织中,有一些工作人员不是学法律专业的,法律专业基础知识薄弱,却掌握着公民的生杀大权,这是一种不合理的用人现象,所以要对现职的各级法官加强职业教育培训,对新进入法院系统的各级法官制定硬性规定,保证法官的整体素质。

(3)完善各级人员选拔、任用、淘汰机制。在选拔干部时把考核推荐与引入竞争机制结合起来,以组织推荐、群众举荐、个人自荐相结合的方式选拔。选拔范围要扩大,不但要面向现有的政法干部队伍,特别要面向社会上有正规政法专业的大学、学院毕业的大学生、研究生这一人群。可组织考核委员会进行专家评议,经党委研究和聘任上岗等程序进行选任。对各级、各类在岗的司法人员要制定一整套相应的基本道德、基本业务、理论知识、基本能力水平的标准和考核业绩的指标。要建立评议机制、能上能下机制和退出机制，通过定期考评，使不合格者可以及时退出，以保持队伍的纯洁性、知识性和专业性。

（4）引入约束机制。约束主要来自三个方面。一是法律法规约束，要建立强有力的错案追究机制，加大错案追究力度，对行贿受贿故意办错案的，对业务素质不高办失误案的，应分类进行严格的追究，要制定相关制度，建立"高压线"，实施"亮黄牌""亮红牌"等措施，直至清除出司法队伍中的"害群之马"；二是行政约束，要强化"法院、检察院"系统的上下监督，健全内部监督机制，尽可能避免执法不公，减少或避免滋生腐败的因素；三是社会约束。一方面，通过聘请人大代表、政协委员为特邀监督员进行社会监督，要为这些人员进行有关法律方面的业务培训，提高他们的法律素质，还要为他们创造机会，创造条件，经常列席有关审判和会议，知情才能出力。在这方面，各级法院、检察院都应制订一个配套的计划和安排，使特邀监督员真正发挥作用。另一方面，要加强舆论监督，通过各种媒体对好的法官给予公示和宣传，对以权谋私、贪赃枉法、执法不公的司法和执法人员给予曝光，予以揭露和批判。

（5）要坚决采取措施避免行政干预执法。要解决好权与法的关系问题，努力改变一些地方权大于法的现象。执法的程序性、公正性、严肃性不容侵犯，维护法律的尊严是每个公民的职责，更是各级领导干部应当严格遵守的。政法委的职责之一是要监督法院、检察院秉公执法，严格按法律程序办事。应该避免有些地方可以由政法委牵头召开政府"三长"会议不依法律程序就抓人的错误做法,这是超越法律范围的,必将导致法律的尊严受到极大的损害。因此,应进一步加强法制建设,特别要增强政府主管部门的法律意识,并制定必要的制约法规,避免行政干预司法的现象发生,不能让法律成为某些部门或某些个人徇私枉法的工具。

这份提案交上去后,被一位好心人得知劝道:"这是全国最敏感的话题之一,你连这样的提案也交上去吗?许多人躲都来不及呢。"

一生敢于直言、敢于讲真话的邱大洪听到这样的话,心里顿生愤慨:"当选全国政协委员,难道就要明哲保身吗?我要向中央和国家反映真实情况,当选全国政协委员是代表13亿老百姓的。如果在这里还怕丢掉头衔、失掉什么利益,那就不配当全国政协委员!"

邱大洪一生敢于直言,敢于讲真话。这不仅仅表现在书面提案这方面,只要场合适当,无论在会上还是会下他都一如既往,保持本色。1997年3月,邱大洪参加全国政协会议期间,三个科技组开联组会,李鹏总理参加了大家的讨论。邱大洪无拘无束,积极发言。委员们认为我国的科学研究要加强基础研究,要求国家加强支持力度。在此次会议上,李鹏总理在总结发言中同意支持基础研究,这就有了后来的"973计划"。

2000年间,邱大洪从报纸和广播等媒体揭露和曝光中获悉了相当一部分劣质工程和豆腐渣工程情况,非常气愤。他感慨道:这些情况实在是令人发指,这些工程不仅对人民的生命财产造成严重的危害,而且损失了大量来之不易的国家资金。这些现象的出现,固然是由于一些不法的承包商和一些贪污腐化的干部相互勾结造成的,但我们在基本建设管理制度上的不健全也是重要原因之一。为此,他以书面的形式向全国政协提出如下几点建议:

(1)健全基本建设项目设计、施工的公正、公开和科学的招、投标制度,要制定法规来选择公正、学风和作风正派的技术专家、经济专家和项目管理专家组成评标组,进行技术评标和商务评标。行业主管部门的行政人员不要去干预他们的评标工作,或施加各种有倾向性的影响。

(2)对重大工程推行设计监理制度,所有工程都要加强施工监理。对于各类各级工程的设计单位、施工单位和监理单位都要进行相应的资格认定。

(3)在招、投标工作中坚决反对地方保护和行业保护,要根据法律制定具体的法规以保证有资格的单位能公开、自由地参与投标,并得到公正和公平的待遇。

10年的时间很快就过去了,邱大洪不再担任政协职务。回首这10年时光,我们看到邱大洪在担任全国政协委员和政协常委期间,认真履行职责,十分关心国家的政治建设和改革开放的进程,在每年的全国政协大会上,都撰写出高质量的提案,提出的问题有深度、切中要害。他在提案和发言的质量上下了许多功夫,为党和政府科学民主决策提供了有益的参考,为国家经济建设、政治建设和法治建设等建言献策,表现出一个老科学家的高尚品质和爱国情怀。

参 政 议 政

# 给总理的建议书

"我有一个关于东北和辽宁经济发展的建议,供中央领导参阅。"2019年7月1日上午,在大连参加夏季达沃斯经济论坛的中共中央政治局常委、国务院总理李克强来到大连理工大学考察,并与师生交流。邱大洪利用这个难得的机会,将一份《发展水网经济 改善生态环境——关于东北和辽宁经济发展的建议》递交到李克强总理手中。这份不足千字、高度凝练的建议书,是邱大洪6月29日赶写出来的,涉及如下内容:

> 关于东北和辽宁经济发展的建议
> **发展水网经济 改善生态环境**
> 中国科学院资深院士 大连理工大学退休教授 邱大洪
>
> 邱大洪

"由于历史原因,东北形成的'铁路偏执经济'发展模式一直延续至今。"邱大洪表示,1904年日俄战争后,殖民者为了统治和掠夺资源的需要,封河断航,使铁路成了东北经济发展的纽带,城市和社会经济主要集中于铁路沿线发展,而河流则日益荒芜,致使大片土地生态恶化。"全国八大水系,东北有三,其密度在全国上数,而偌大的水网体系,却没有被好好利用起来。"

"若能将东北的'铁路偏执经济'发展模式转变为'铁路经济与水网经济并重'发展模式,使其在东北大地上遍地开花,那是一个多么可喜的场景。"邱大洪提出,如果由于现实原因,目前还做不到"并重",可以"以铁路经济为主、水网经济为辅"的模式起步,加大水网经济的基础建设力度,尽快让"水网经济"发展起来。

邱大洪特别强调,问题的关键是要重启国家原来已有的"松辽运河规划"。他建议将规划中的"调水"通航模式改变为"蓄水"通航模式,把辽河水系每年洪水入海量50亿～80亿立方米中的一部分水量"蓄水"于河道,令洪水资源化。"一旦建成松辽运河,全东北水网体系连成一片,可以形成大约7000公里的河流网和生态经济带。"

## 九三楷模

2019年11月25日,九三学社中央办公厅发布《九三学社中央关于授予王俊等10名同志"九三楷模"荣誉称号的决定》。

各省、自治区、直辖市委员会：

评选表彰10名"九三楷模"，是全社开展"不忘合作初心，继续携手前进"主题教育活动和"弘扬爱国奋斗精神、建功立业新时代"活动的一项重要举措。两年来，全社涌现出一批立足本职、建功立业、在实施创新驱动发展战略中贡献突出、弘扬爱国民主科学优良传统、在社务工作中勇挑重担，坚韧不拔、自强不息、自觉践行社会主义核心价值观，关注弱势群体、热心公益事业、体现强烈社会责任感的模范社员。为了发挥先进典型的激励引导作用，使广大社员学有榜样、行有示范、见贤思齐，按照《九三学社中央"九三楷模"评选表彰办法（暂行）》规定，经社中央委员会和各省级组织推荐、社中央委员会主席办公会议研究、拟表彰人选公示，决定授予（按姓氏笔划排序）王俊、王戍堂、文圣常、邱大洪、陈志民、周铉、徐冬梅、贾德昌、程顺和、谢丽娟10名同志"九三楷模"荣誉称号。

全社各级组织和广大社员要认真学习贯彻中共十九届四中全会精神，深刻领会习近平新时代中国特色社会主义思想丰富内涵，以"九三楷模"为榜样，学习他们胸怀大局、坚持理想的爱国情操，献身科学、勇攀高峰的创新精神，投身社务、乐于奉献的崇高风范，服务社会、淡泊名利的思想品德，传承初心之志，筑牢同心之基，增强"四个意识"，坚定"四个自信"，做到"两个维护"，为决胜全面建成小康社会、夺取新

洪流向海　波浪情缘——邱大洪传

时代中国特色社会主义伟大胜利、实现中华民族伟大复兴的中国梦而努力奋斗！

九三学社中央委员会<br>2019 年 11 月 25 日

根据《九三学社中央"九三楷模"评选表彰办法（暂行）》的规定，评选表彰活动原则上每五年举行两次（九三学社中央委员会任期内第二年、第四年各一次），每次评选表彰 10 名楷模。评选表彰"九三楷模"，是九三学社中央委员会开展"不忘合作初心，继续携手前进"主题教育活动和"弘扬爱国奋斗精神　建功立业新时代"活动的一项重要举措。评选表彰活动旨在弘扬九三学社爱国民主科学优良传统，褒奖在建设中国特色社会主义事业中做出突出贡献的九三学社社员，推动全社形成崇尚楷模、见贤思齐、争做先锋的良好氛围，激发全体社员建功立业新时代的积极性。

"九三楷模"是九三学社中央委员会授予社员的最高荣誉。2019 年 12 月 12 日，90 岁高龄的邱大洪来到北京，参加"九三楷模"颁奖典礼。华灯闪耀，高朋满座。在北京铁道大厦礼堂，邱大洪从九三学社中央委员会主席武维华手中接过沉甸甸的奖杯。掌声阵阵，鲜花朵朵，送给这位为中国的港口建设和经济社会发展奉献了一生的长者。正如颁奖辞所说——

"邱大洪，半个世纪的求索付出，你亲历了新中国港口建设一步一步走向辉煌；半个世纪的倾力耕耘，你教导了一代一代后学栋梁。在平凡中非凡,于尽头处超越,本该颐养天年的日子,你却依然殚精竭虑、心系河江。"

2020年3月3日,九三学社中央委员会网站以"邱大洪:与海结缘 躬耕不息"为题,对邱大洪的事迹进行了全面报道。

# 参考文献

## 参考文献

[1] 陈永昊,陶水木.中国近代最大的丝商群体:湖州南浔的"四象八牛".浙江:浙江人民出版社,1998.

[2] 南洋模范中学校友会.我和南模(第四辑):100周年校庆专辑.上海:南洋模范中学校友会,2001.

[3] 南洋模范中学校友会.我和南模(第六辑).上海:南洋模范中学校友会,2006.

[4] 南洋模范中学校友会.我和南模(第七辑):110周年校庆专辑.上海:南洋模范中学校友会,2001.

[5] 南洋模范中学校友会.我和南模(第八辑).上海:南洋模范中学校友会,2014.

[6] 邱大洪.邱大洪文集.北京:海洋出版社,2011.

[7] 孙懋德.桃李芬芳.大连:大连理工大学出版社,1990.

[8] 大连理工大学校史编写组,刘元芳.大连理工大学校史稿(1989—2009).大连:大连理工大学出版社,2009.

[9] 大连工学院土木水利学院院志编写组.大连工学院土木水利学院院志(1949—2009).大连:大连理工大学出版社,2009.

[10] 孙懋德.笔墨春秋六十年.大连:大连理工大学出版社,2009.

[11] 任效忠,王永学,王国玉.准椭圆沉箱群墩结构波浪力试验研究.大连理工大学学报:自然科学版,2009,49(6):944-950.

[12] 庄逢甘.中国力学学会40年.力学与实践,1977,6(19):13.

[13] 张前方.中国院士与湖州.沈阳:沈阳出版社,2014.

[14] 张玉台.中国科学院院士自述.上海:上海出版社,1996.

[15] 周美鑫.科学家寄语下一代.大连:大连出版社,2002.

[16] 俞陶然.深水岸线如何又"长"出2米深.解放日报,2015-01-27.

[17] 梅贻琦.关于组建工学院问题.国立清华大学校刊,1932:379.

[18] 清华大学校史研究室.清华大学史料选编(第四卷).北京:清华大学出版社,1994.

[19] 清华大学校史研究室.清华大学史料选编(4卷6册).北京:清华大学出版社,1991.

[20] 清华大学校史编写组.清华大学校史稿.北京:中华书局,1981.

[21] 清华大学校史研究室.清华大学史料选编(第五卷).北京:清华大学出版社,2005.

[22] 张天来,孙懋德,王丽丽.院士的足迹:高尚的追求.大连:大连理工大学出版社,2004.

[23] 杨德润.登上科技高峰的人们:记在辽宁省工作的两院院士.沈阳:辽宁科学技术出版社,1997.

[24] 王晶华,姜文洲.除了《烈火英雄》,关于大连新港,我们还应该知道他!中国科学家微信公众平台,2019,11[2019-12].

[25] 九三学社辽宁省委会.邱大洪:与海结缘躬耕不息.九三学社中央委员会网站,2020,12[2020-03-03].

[26] 吴琳.九旬院士邱大洪:发展水网经济加速东北振兴.光明日报,2020,6[2020-06-18].

[27] 南浔区委宣传部、南浔区融媒体中心.如洪似海——中国科学院院士邱大洪.《南浔骄子》系列记录片,2022.

# 附录

## 附 录

# 邱大洪年表

### 1930 年

4月6日（农历三月初八），生于上海。父亲邱鸿渐，字伯铭，生于上海，毕业于上海交通大学铁路管理专业。母亲周世英，浙江湖州南浔人。邱鸿渐夫妇共育有子女5人，依次为邱锦来（女）、邱大洪、邱锦文（女）、邱大雄、邱大燮。

### 1933 年

与姐姐邱锦来一起进入慕尔堂幼儿园（由美国基督教监理公会创办）。

### 1935 年

9月，与姐姐邱锦来一起进入上海私立渭风小学（位于上海凤阳路与南京路交叉处）读书。渭风小学为教会学校。校长周粹英，女，1927年毕业于上海中西女中，教育家。

### 1937 年

8月，跟随家人逃难到家乡湖州南浔。

9月回上海。不久,请家庭教师讲授英语、修辞、书法等,与姐姐邱锦来一起学习。

## 1941 年

6月,小学毕业。

9月,考入上海私立南洋模范中学。上海私立南洋模范中学(简称"南模"),创建于1901年,是中国人自己创办的最早的新式学堂之一。其前身是南洋公学(今上海交通大学、西安交通大学)附属小学,为中国"公立小学之始"。

## 1943 年

学校开设日语课。与许多同学一起罢课,迫使老师宣布停课。

## 1945 年

在"南模"读书期间,与徐基乾(邱大洪表哥,徐肇和之子)、金钟超、虞季森、薛沫时、李德昭五位同学交往密切。受徐基乾("南模"毕业前夕加入地下党)影响,多次参加学生爱国运动。

## 1947 年

7月,毕业于上海私立南洋模范中学。

9月,考入国立清华大学土木工程系。

## 1948 年

开始学习测量、铁路等方面的专业课程。

## 1949 年

1月,参加学校组织的工作团,跟随解放军在北平城里做宣传工作,宣传共产党的方针政策和革命道理。

7月,第一次进行测量实习,测量的地区属东北水利总局管辖,被分配在导线组第一分队。

9月30日,经国立清华大学土木工程系第三团支部讨论通过准予加入中国新民主主义青年团。

10月1日,在北京天安门参加中华人民共和国开国大典。

11月,任学生自治委员会候补执委、社会服务部干事,管理本系食堂、粮食等。

## 1950 年

7月,从黄河边到郑州沿铁路线测量所有桥涵,然后在郑州对拟建的马三家子驼峰吊车厂进行地形测量。

## 1951 年

1月，全家从上海迁到青岛。

进行毕业设计，题目为"高层建筑的结构分析"。

夏，与全体应届毕业生一起聆听朱德总司令的报告。

7月，于清华大学毕业。响应祖国号召，到新中国成立前夕中国共产党面向新中国工业体系创办的第一所正规大学大连工学院（现大连理工大学）土木工程系任助教。

## 1952 年

大连工学院创办新中国第一个港口工程专业，师从我国著名力学家钱令希从事创建工作，协助开设港口工程课程，开办培训班，结合我国港口建设实际指导毕业设计。

## 1953 年

在钱令希的指导下，在撰写柔性高桩台计算论文和科学研究方面深受启发。

参加"三反""五反"思想改造运动。

## 1954 年

继续在钱令希的指导下从事助教和科学研究工作。

## 1955 年

与侯穆堂副教授一起主讲"港口工程"专业课。指导本科学生曹祖德的毕业设计《柔性高桩台设计》获得钱令希教授的高度评价,被评为优等。

6月,经教育部批准大连工学院土木工程系改名为水利工程系,设置水工与港工,两个专业。

## 1956 年

11月,晋职为讲师,担任港工教研室副主任。

## 1957 年

2月5日至10日,中国科学院物理学、数学、化学部和技术科学部联合召开第一次全国力学学术报告会,中国力学学会正式成立。参加会议,并在会上宣读由钱令希指导的第一篇学术论文《柔性高椿台的计算》,引起了力学界的关注。

## 1958 年

9月,在大连渔港工程项目中担任技术总负责人,承担当时亚洲最大的现代化渔港(大连渔港)的设计任务。与邢至庄等一起带领学生负责码头、防波堤、海上防护工程设计,工作内容贯穿勘察、设计、施工各个阶段。

洪流向海　波浪情缘——邱大洪传

10月,带领师生开始进行渔港的总体规划设计工作,提出四个方案,经过答辩与比较,并进一步征求意见,整理修订成为最后一个方案。

12月,与侯穆堂合作编著的我国第一本港工专业高校通用教材——《港口及港工建筑物》(高等教育出版社出版),在高等教育界引起了良好反响,被工程设计界人员当作主要参考书。

### 1959 年

继续开展大连渔港的勘测设计任务。

### 1960 年

年初,大连渔港开工建设。带领部分教师和学生投入施工。

### 1963 年

带领师生审查大连渔港设计方案,深入工地参加劳动,检验、修改、完善设计方案。

### 1965 年

组织学生调查了我国北方现有的渔港,进行了分析对比,归纳总结。与同事和学生撰写《渔港设计标准建议》《渔港防波堤设计》等10余个总结文件。

### 1966 年

1月28日,《光明日报》头版报道了大连工学院水利工程系师生坚持8年完成现代化大连渔港设计工作的事迹,题目为"教育与生产劳动相结合的一支凯歌"。

### 1968 年

走"五七"道路,到庄河县青堆子学校学农基地种水稻。

### 1969 年

被中国海洋石油总公司派人从学农基地接到501研究所帮助研究海洋平台,同行的还有钱令希、章守恭等。

### 1971 年

开展海上采油平台的研究、设计和建造工作,参与"海五井"沉浮式钻井平台的设计工作,着力于研究风、浪、冰等多种载荷对海工建筑物的作用,提出设计中可采用的科学方法。

洪流向海　波浪情缘——邱大洪传

### 1973 年

2月,周恩来总理听取全国计划工作会议领导小组汇报后,明确指出:"从现在开始,三年改变港口面貌",要建"争气港"。

大连市成立鲇鱼湾建港指挥部,总指挥由部队领导担任,邢至庄任副指挥。与钱令希、洪承礼一起参加该油港的设计,成为水工结构设计负责人。

5月,进驻鲇鱼湾勘测,借住在老乡家中。

11月,进行现场设计,墩部选用圆形沉箱,9米直径,栈桥为100米跨度。

### 1974 年

大连工学院水利工程系港工试验组开展鲇鱼湾施工码头基床护肩块石的稳定试验。

5月,提交波浪对栈桥上部结构作用的试验报告。

9月,提交鲇鱼湾工作船码头外堤模型试验报告。

### 1975 年

4月27日,组织召开鲇鱼湾石油码头水工结构三结合会审。

12月,提交鲇鱼湾石油码头群墩波压力试验报告。

## 1976 年

5月,我国第一座现代化的原油输出港——大连新港——10万吨级油轮开敞式深水离岸式码头工程(原油年通过能力为1500万吨,可同时停靠10万吨级和5万吨级油轮)完工。

该设计任务获得了全国科学大会奖和全国20世纪70年代优秀设计金奖。作为主要技术负责人,首次大胆采用高近20米的大型重力式圆柱形沉箱墩,并创造了两次浇筑办法,使自重780吨的沉箱墩屹立在海中,确保了设计要求和工程质量。

## 1978 年

5月,晋职为副教授,担任港工研究室主任。

开始研究不规则波,提出改造原有的规则波造波机为调频式不规则波造波机的技术方案。

作为负责人,参加连云港集装箱码头双排管桩结构试验段的研究设计,提出了双排管桩新结构方案,解决了一系列关键技术。经国家教委鉴定,该结构为国内首创。

5月,到美国参加国际近海工程会议。

10月,经教育部批准,到美国进行"海洋动力因素与施工建筑物"的专业学习。

洪流向海　波浪情缘——邱大洪传

### 1979 年

5月,赴美参加国际海洋技术大会(OTC),并顺访有关高校。

### 1980 年

3月,晋职为教授,继续担任港工研究室主任。

### 1981 年

5月,主编全国通用教材《工程水文学》,由人民交通出版社出版。

### 1982 年

7月,指导的首名硕士生左其华毕业答辩,论文题目为"海底铰接柱结构在波作用下的动力反应"。

8月,随团赴美国参加第三届国际近海结构特性学术会议,顺访有关高校。

### 1983 年

7月,联合海洋石油总公司,成功申请教育部国家"六五"攻关项目"多用途混凝土平台的可行性研究"。组织五校(大连工学院、清华大学、天津大学、同济大学、华南工学院）成立联合设计组，其中大连工学院为牵头单位。

## 1984 年

5月，随团赴西德、英国、挪威进行海上混凝土平台设计和施工技术考察。

12月，作为国家"六五"攻关项目"多用途混凝土平台的可行性研究"联合设计组组长，成功组织139名教师和工程技术人员进行了14项专题实验研究，编制了17项专用计算机程序，主编完成《钢筋混凝土多用平台可行性研究报告》（共六册）。

## 1985 年

1月，组团赴美参加第四届海洋、离岸及极地工程国际会议（OMAE），并顺访了一些大学和企业。

2月，被选为国务院学位委员会第二届学科评议组成员。

7月，编著《波浪理论及其在工程上的应用》，由高等教育出版社出版。

9月，被中共辽宁省委、辽宁省人民政府授予"辽宁省优秀教师"称号，被大连市人民政府授予"大连市优秀教师"称号。

12月，担任大连理工大学土建勘察设计研究院总工程师。

考察英国伦敦桥、白金汉宫、格林尼治天文台。

洪流向海　波浪情缘——邱大洪传

## 1986 年

1月，由国家计委批准，主持筹建海岸和近海工程国家重点实验室。

3月，承担的"海上工程波浪力的计算方法"项目针对大直径圆柱体上的非线性波浪力等试验研究顺利结题。

6月，主编完成的《钢筋混凝土多用平台可行性研究报告》获国家教委科技进步一等奖。

7月，担任海岸和近海工程国家重点实验室主任。

## 1987 年

3月，组团赴美国审查引进设备的设计工作，并参加第六届海洋、离岸及极地工程国际会议。

4月，被选为国务院海洋资源研究开发保护领导小组所属全国海洋资源研究开发保护专家组成员。

11月，赴台湾成功大学参加海洋工程研讨会。

主持修订《工程水文学》下册，由人民交通出版社出版。

## 1988 年

1月，被国务院授予"国家级有突出贡献中青年专家"称号。

在从美国引进的不规则波造波机的基础上，主持研制了浅水非线性波的造波软件。

被选为国家自然科学基金委员会第二届学科评议组成员。

承担国家教委基金项目"波浪在海床内的渗流对海工建筑物的作用"。该项目从立项到完成历时两年。

4月,承担教育部高等学校博士学科点专项科研基金项目"浅水区墩群上的非线性波浪力"。

## 1989年

1月,承担国家自然科学基金项目"可渗海床上建筑物所受的非线性波浪力"。

成功地使椭圆余弦波及孤立波在波浪试验水槽内形成,对其波形、水质点运动速度、加速度进行了系统的研究。

4月,指导的首批博士生之一王永学申请答辩,论文题目为《任意容器液体晃动问题的数学模拟》。

承担国家自然科学基金项目"重力式海工建筑物底部波浪浮托力"。编著的《波浪理论及其在工程上的应用》获交通部专业优秀教材二等奖。

## 1990年

1月,被选为国家自然科学基金委员会第三届学科评审组成员。

承担国家教委基金项目"块石非线性渗透系数试验研究"。

洪流向海　波浪情缘——邱大洪传

4月，获国家计委、国家教委、中国科学院授予的"国家重点实验室建设先进工作者"称号。

6月，出访苏联并完成现场勘查任务。

12月，获国家教委、国家科委"全国高校先进科技工作者"称号。

主持建设的海岸和近海工程国家重点实验室通过国家验收后对国内外开放。

## 1991年

8月，在英国爱丁堡出席第一届国际海洋工程学术会议并做学术报告。

获大连市委、市政府授予的"大连市优秀专家"荣誉称号。

研究成果"椭余波对直堤及圆柱墩的作用力"被列入交通部规范。

10月，被批准享受国务院政府特殊津贴。

11月，当选中国科学院院士（中国科学院学部委员）。

## 1992年

1月，被选为国务院学位委员会第三届学科评议组成员，加入船舶与海洋工程评议组。

被聘为中国海洋湖沼学会理事。

被选为国家自然科学基金委员会第四届学科评审组成员。

10月，获辽宁省委、省政府授予的"辽宁省优秀专家"荣誉称号。

12月，担任九三学社中央委员。

### 1993 年

1月，被美国传记研究院授予"杰出领导人物奖"。

承担国家自然科学基金项目"随机波浪作用下的三维海工建筑物底部的浮托力"。该项目用时3年完成。

2月，被英国名人传记研究中心授予"20世纪成就奖"。

当选为第八届全国政协委员。

3月，被美国传记研究院授予"五星级奖"。

### 1994 年

4月，主持召开国际海洋工程会议(北京)。

7月，任大连理工大学海岸和近海工程国家重点实验室学术委员会主任。

在大连新港改造中，担任总工程师。

### 1995 年

1月，由大连理工大学校友提供本金5万美元设立邱大洪奖教奖学金，旨在奖励土木工程系在教学、科研中取得突出成绩的青年教师及在校研究生和本科生，鼓励有志从事土木建筑教育、研究与应用的优秀人才。

11月,出席首次两岸联合在台湾举办的第十七届海洋工程研讨会暨1995年两岸港口及海岸开发研讨会。

编写《工程水文学:海岸水文》,由人民交通出版社出版。

### 1996 年

1月,被选为国家自然科学基金委员会第六届学科评审组成员。

### 1997 年

1月8日,首届邱大洪奖教奖学金颁奖,4名青年教师、4名研究生和4名本科生获奖。

3月,"波浪渗流理论的工程应用"成果被授予国家教委科技进步二等奖。

开展了大连新港原油码头靠泊大船试验研究。

### 1998 年

3月,当选为政协第九届全国委员会常务委员。

4月15日,被选为国家自然科学基金委员会第七届学科评审组成员。

10月,与沈永明教授前往香港执行访问考察任务。

## 1999 年

1月，组织海岸和近海工程国家重点实验室与天津大学机械工程动力系共同承担国家自然科学重点基金项目"近海海域潮、波、流共同作用下污染物迁移转化规律研究"。

8月，编写《工程水文学》(第三版)，由人民交通出版社出版。

10月，参与洋山港建设专家论证咨询工作，在上海国际航运中心洋山深水港区建设论证会上发言，提出对洋山港区深水航道及岸滩整治工程暨南沙滩小铲滩陆域形成工程的咨询意见。

12月，负责"波浪和海洋环境的相互作用"项目。

## 2000 年

3月，担任上海国际航运中心大小洋山工程设计技术顾问。

5月，在上海市"建设三港、服务全国"研讨会上发言——《要尽早尽快建设上海国际航运中心集装箱深水枢纽港——洋山港区》。

参加美国第十届海洋、离岸及极地工程国际会议，进行学术交流。

9月，在"长江口整治工程的工程设计与施工技术"专题会上发言。

赴韩国出席中韩港口及海岸工程会议。

洪流向海　波浪情缘——邱大洪传

11月,在湛江"南海海洋资源综合开发战略高级研讨会"上发言,对湛江海洋经济的发展提出建议。

12月,受香港大学机械工程系非线性力学中心的邀请,到该校进行技术交流。

## 2001年

5月,"污染物扩散输移的湍流模式研究"成果获教育部科技进步二等奖。

9月,与窦国仁院士、谢世楞院士、日本 Yoshimi Goda 和韩国 Byung Ho Choi 共同发起亚太海岸工程国际会议(International Conference on Asian and Pacific Coasts,APAC)会议,由大连理工大学承办首届会议。

12月,在连云港市科技兴海专家座谈会上发言,题目为"发展海洋经济要科学用海和依法管海"。

## 2002年

7月,任大连理工大学土木水利学院海洋工程研究所学术委员会主任委员。

## 2003年

1月,组织海岸和近海工程国家重点实验室与天津大学机械工程动力系共同承担的国家自然科学基金重点项目"近海海域潮、波、流共同作用下污染物迁移转化规律研究"审查。

10月,出席第十一届中国海岸工程学术讨论会暨2003年海峡两岸港口及海岸开发研讨会,并做《关于波浪渗流力学》的学术发言。

担任海岸和近海工程国家重点实验室学术委员会顾问。

## 2004年

7月,受聘为中国海洋石油总公司深水工程重点实验室第一届学术委员会委员。

## 2005年

承担大连市发改委项目"大连湾人工岛规划方案潮流场物理模型试验研究"。

1月,其传记编入大型国际交流系列"世界名人录"。

10月,提出《关于长江口深水航道治理三期工程可行性报告》的评审意见。

## 2006年

5月,编写《波浪渗流理论》,由国防工业出版社出版。

被中国人民解放军总参谋部聘请为"048工程"专家咨询组组长。

9月,参加国际海洋与极地工程大会(ISOPE)。

## 2007 年

6月,对《唐山港曹妃甸港区东南段海堤(二期)工程初步设计》提出指导意见。

8月,对《唐山港曹妃甸港区直立岸壁二期工程水工结构设计》提出指导意见。

## 2009 年

5月,在给大连市委市政府的咨询报告中提出《把大连港建设成环渤海地区集装箱区域干线港的论证和对策》。

## 2010 年

3月,荣获河北省"院士特殊贡献奖"。

9月8日,应邀为大连理工大学2010级新生做报告《谈谈人生、生活、机遇》。

## 2011 年

8月,撰写《邱大洪文集》前言。该书由海洋出版社出版。

## 2012 年

2月3日,在大连市院士新春座谈会上发言,对大连市东北亚国际航运中心建设和人口问题提出建议。

## 2013 年

10月，受聘为大连市科技星海工作领导小组咨询专家。

## 2014 年

4月，受聘为中国兵工学会特别咨询顾问。

7月，应邀参加中国科协"老科学家学术成长资料采集工程"项目。

## 2015 年

4月13日，回母校南洋模范中学参观。

4月14日，回老家浙江省湖州市南浔区考察访问。

6月27日，回母校清华大学，看望姐姐邱锦来、小学同学刘泽墀和清华大学同学周维垣。

## 2016 年

12月，审阅拟向老科学家学术成长资料采集工程馆藏基地（北京理工大学图书馆）提交的文献资料。

## 2017 年

12月，审阅邱大洪院士学术成长资料采集小组研究报告《洪流向海　波浪情缘——邱大洪传》。

## 2019 年

6月,被中共中央、国务院、中央军委授予"南海礁建设纪念章"。

7月1日,向中共中央政治局常委、国务院总理李克强递交《关于东北和辽宁经济发展的建议书》。

11月7日,中国科学家(微信公众平台)发表文章《关于大连新港,除了〈烈火英雄〉,我们还应该知道他!》。

11月11日,获得"终身奉献海洋"纪念奖章。

12月13日,在九三学社十四届三中全会上,接受九三学社中央委员会主席武维华授予的第五届"九三楷模"奖牌。

## 2020 年

3月3日,九三学社中央委员会网站"九三楷模"栏目发表《邱大洪:与海结缘 躬耕不息》一文,对邱大洪院士的事迹进行了全面报道。

6月8日,光明日报头版发表《九旬院士邱大洪:发展水网经济 加速东北振兴》一文。

## 2021 年

5月28日,参加中国科学院第二十次院士大会、中国工程院第十五次院士大会和中国科协第十次全国代表大会。

6月,接受故乡浙江省湖州市南浔区委宣传部采访。

## 2022 年

7月,浙江省湖州市南浔区委宣传部、南浔区融媒体中心联合推出《南浔骄子》系列纪录片第四集《如洪似海——中国科学院院士邱大洪》。

# 邱大洪主要论著目录

## 中文论文

[1] 邱大洪. 柔性高桩台的计算. 大连工学院学刊, 1956(2): 45-57.

[2] 邱大洪. П. А. 向金: 波浪对水工建筑物的作用. 大连工学院学刊, 1956(2): 95-107.

[3] 邱大洪, 钟用埒, 钟声扬. 热那亚港外堤破坏原因的研究试验. 大连工学院学刊, 1957(4): 13-28.

[4] 邱大洪. 板桩入土部分的接触应力. 土木工程学报, 1957, 4(2): 231-251.

[5] 钱令希, 邱大洪. 利用电模拟法计算挡水坝在满库时的自振频率. 土木工程学报, 1958, 5(2): 132-139.

[6] 邱大洪. 关于板桩的稳定问题. 大连工学院学刊, 1963(2): 97-112.

[7] 邱大洪. 不规则波对孤立墩柱的波浪力. 大连工学院学报, 1979(3): 17-27.

[8] 邱大洪. 重力式直立堤在破波作用下的动力计算. 水运工程, 1980(7): 1-6.

[9] 邱大洪. 桩群上的最大总波浪力. 海洋学报: 中文版, 1981, 3(1): 157-164.

[10] 邱大洪. 椭圆余弦波在工程上的应用. 大连工学院学报, 1982, 21(1): 87-96.

[11] 邱大洪. 重力式海上平台自振频率的计算. 海洋通报, 1982(1): 66-72.

[12] 邱大洪, 左其华. 海底铰接柱结构在波浪作用下的动力反应. 海洋学报: 中文版, 1983, 5(2): 244-253.

[13] 邱大洪, 朱大同. 圆形桩柱列的附加质量分析. 海洋工程, 1983(2): 11-17.

[14] 邱大洪. 关于圆柱墩波浪力计算中的几个问题. 港工技术, 1984(1): 1-10.

[15] 邱大洪, 朱大同. 圆柱墩群上的波浪力. 海洋学报: 中文版, 1985, 7(1): 86-102.

[16] 邱大洪, 王永学. 大直径圆柱体上的非线性波浪力. 海洋学报: 中文版, 1986, 8(4): 496-509.

[17] 邱大洪, 王学庚. 深水薄板式防波堤的理论分析. 水运工程, 1986(4): 8-12.

[18] 庄严, 邱大洪. 海上重力式建筑物基底的渗压荷载. 海洋学报: 中文版, 1987, 9(2): 239-254.

[19] 申震亚, 邱大洪, 胡立万. 计算规则波中系泊浮体运动响应的能量法. 海洋工程, 1987, 6(3): 14-23.

[20] 王学庚, 邱大洪. 振荡流绕圆柱流动的离散涡模拟. 海洋学报: 中文版, 1987, 9(4): 503-513.

[21] 邱大洪, 王永学. 不规则波作用下圆柱墩群上的波浪力. 海洋学报: 中文版, 1988, 10(6): 747-756.

[22] 孙昭晨, 邱大洪. 作用于可渗可压缩海床上的墩柱底面上的波浪力. 海洋学报, 1989, 11(3): 364-371.

[23] 邱大洪. 浅水区孤立墩上的非线性波浪力. 水利学报,

1989(4): 22-32.

[24] 肖波, 邱大洪. 非线性不规则波的数值模拟. 大连理工大学学报, 1990, 30(2): 129-136.

[25] 邱大洪, 周援衡. 浅水区孤立墩上波浪力的试验研究. 水利学报, 1991(1): 45-48.

[26] 肖波, 邱大洪, 俞聿修. 实验室中椭圆余弦波的产生. 海洋学报, 1991, 13(1): 137-144.

[27] 邱大洪, 周援衡, 贾影. 浅水区圆柱墩群上的非线性波浪力. 海洋工程, 1991, 9(1): 47-60.

[28] 邱大洪, 臧军. 作用在三维任意形状建筑物底面上的渗流压力的数值计算. 海洋通报, 1993, 12(1): 61-68.

[29] 邱大洪, 邹志利, 臧军, 等. 双墩柱波浪渗流力. 大连理工大学学报, 1993, 33(2): 232-237.

[30] 邹志利, 邱大洪. 无限深可压缩海床上圆墩柱波浪渗流压力解析解. 海洋学报, 1993, 15(3): 106-115.

[31] 邹志利, 邱大洪, 臧军, 等. 可渗可压海床上墩柱底面波浪渗流压力的计算. 海洋工程, 1993, 11(4): 47-58.

[32] 邱大洪, 孙昭晨. 关于波浪在多孔介质内的渗流对结构作用的研究. 水动力学研究与进展: A辑, 1993, 18(S1): 545-551.

[33] 邱大洪, 陈健. 抛石基床上圆柱墩底部的波浪浮托力. 海洋学报, 1994, 16(1): 114-123.

[34] 邱大洪. 大型海上工程中的关键力学问题. 科技导报, 1994(12): 25-27.

[35] 邱大洪, 臧军. 群墩上的波浪浮托力. 港口工程, 1995

(5)：8-12.

[36] 邱大洪，臧军. 作用于可变形地基上墩柱底部的波浪渗流力. 大连理工大学学报, 1995, 35(5)：709-713.

[37] 邹志利, 邱大洪, 王永学. VOF 方法模拟波浪槽中二维非线性波. 水动力学研究与进展：A 辑, 1996, 11(1)：93-103.

[38] 邱大洪, 贾影, 臧军. 椭圆余弦波与直墙的相互作用. 水利学报, 1996(9)：11-21.

[39] 晁晓波, 邱大洪. 非粘性悬沙垂向浓度分布的数值模拟及水槽试验. 水动力学研究与进展：A 辑, 1996, 11(5)：570-575.

[40] 邱大洪, 杨钢. 不规则波在抛石基床中的渗流对墩柱的作用. 海洋学报, 1997, 19(3)：119-132.

[41] 林建国, 邱大洪. 一阶非线性项、四阶色散项 Boussinesq 类方程的孤立波解. 大连理工大学学报, 1997, 37(4)：490-494.

[42] 林钢, 邱大洪, 邹志利. 抛物型缓坡方程的数值模拟. 大连理工大学学报, 1998, 38(3)：328-331.

[43] 林建国, 邱大洪. 一阶非线性项、四阶色散项的 Boussinesq 类方程. 力学学报, 1998, 30(5)：531-539.

[44] 林建国, 邱大洪. 二阶非线性与色散性的 Boussinesq 类方程. 中国科学：E 辑, 1998, 28(6)：567-573.

[45] 林建国, 邱大洪, 邹志利. 新型 Boussinesq 方程的进一步改善. 海洋学报, 1998, 20(2)：113-119.

[46] 林钢, 邱大洪. 新抛物型缓底坡波动方程. 水利学报,

1999(3)：59-64.

[47] 林钢，邱大洪. 波浪在双滩地形上的传播. 水利学报，1999(8)：57-60.

[48] 林钢，邱大洪. 抛物型缓坡方程的变分及数值模拟. 海洋学报：中文版，2000，22(1)：125-130.

[49] 蒋世全，邱大洪，张振国，等. 油井多相垂直管流压降计算法的研究进展. 中国海上油气(工程)，2000，12(2)：1-7.

[50] 李春花，邱大洪，王永学. 浅滩海冰断裂的一种可能模式分析. 海洋通报，2000，19(3)：8-12.

[51] 邱大洪，王永学. 21世纪海岸和近海工程的发展趋势. 自然科学进展，2000，10(11)：982-986.

[52] 邱大洪. 海岸和近海工程学科中的科学技术问题. 大连理工大学学报，2000，19(6)：631-637.

[53] 孙昭晨，邱大洪. 浅水区海底埋设管线上非线性波浪力. 大连理工大学学报，2000，40(Z1)，95-98.

[54] 林建国，邱大洪. 二阶Boussinesq方程的孤立波解. 海洋与湖沼，2001，32(3)：334-339.

[55] 邱大洪. 加快海洋经济开发速度. 瞭望新闻周刊，2001(6)：44-45.

[56] 邱大洪，等. 第十一届海岸工程学术讨论会暨2003年海峡两岸港口及海岸开发研讨会论文集. 北京：海洋出版社，2003.

[57] 孙鹤泉，邱大洪，沈永明，等. 基于光学折射的波面形态测量. 哈尔滨工业大学学报，2006，38(4)：609-612.

[58] 郏晓,邱大洪,仝成才,等. 一种创新的码头结构新型式——整体箱板式高桩码头结构设计与施工技术. 水利水运工程学报,2009(4):143-150.

[59] 贺铭,邱大洪. 椭圆余弦波浅水变形实用计算法(Ⅰ)——对《海港水文规范》的一个补充. 水运工程,2015(1):1-7.

[60] 贺铭,邱大洪. 椭圆余弦波浅水变形实用计算法(Ⅱ)——对《海港水文规范》的一个补充. 水运工程,2015(4):13-18.

## 外文论文

[61] Qiu Da-hong, Wang Yong-xue. The effect of multiple vertical cylinders on wave surface topography and bottom velocity. Proceeding of the 7th International Conference on Offshore Mechanics and Arctic Engineering, 1988: 1-9.

[62] Qiu Da-hong, Wang Yong-xue. The irregular wave force on pier group. Acta Oceanologica Sinica, 1989, 8(3): 445-455.

[63] Qiu Da-hong, Yu Yu-xiu, Xiao Bo. Generation and Horizontal water partical velocity of nonlinear shallow water waves. Proceeding First Pacificle Asia Offshore Mechanics, 1990: 373-386.

[64] Pan Hong-yu, Qiu Da-hong. Wave-induced seepage ac-

tion structure resting or buried in sea bed. Proceedings of the First International Offshore and Polar Engineering Conference, 1991: 239-245.

[65] Qiu Da-hong, Sun Zhao-chen. Nonlinear Wave Force On The Bottom Of A Circular Cylinder. Proceedings of the First International Offshore and Polar Engineering Conference, 1991: 288-292.

[66] Qiu Da-hong, Li Li. Wave induced pressures in rubble mound and seabed beneath a gravity structure. Computational Mechanics, 1991: 1649-1654.

[67] Qiu Da-hong. The Nonlinear Wave Force on a Circular Cylinder in Shallow Water. China Ocean Engineering, 1992, 6(2): 117-136.

[68] Qiu Da-hong, Zhou Yuan-heng, Jia Ying. Nonliear wave force on pier group in shallow water. China Ocean Engineering, 1992, 6(1): 1-18.

[69] Qiu Da-hong, Zang Jun. Wave force action on a pier sitting on deformable seabed. J. of Hydrodynamics, Ser. B, 1993, 5(3): 32-41.

[70] Qiu Da-hong, Wang H., Zang Jun. Nonlinear wave induced seepage force on cylinder in shallow Water. The Third International Offshore and Polar Engineering Conference, 6-11 June, Singapore, 1993: 216-220.

[71] Zang Jun, Qiu Da-hong. Wave-induced seepage force

acting on cylinder groups. China Ocean Engineering, 1995, 9(1): 35-42.

[72] Da-hong Qiu, Qi-long Wang. The irregular wave induced seepage force on the bottom of a circular cylinder. Proceeding of the Fifth International Offshore and Polar Engineering Conference, 1995: 162-169.

[73] Qiu Da-hong, Zang Jun, Jia Ying. Action of Cnoidal waves on vertical walls. China Ocean Engineering, 1996, 10(2): 129-144.

[74] Da-hong Qiu, Li-sheng Wang. Numerical and experimental research for wave damping over a submerged porous breakwater. Proceedings of the Sixth (1996) - International Offshore and Polar Engineering Conference, 1996: 572-576.

[75] Qiu Da-hong, Yang Gang. Irregular wave-induced seepage action on cylinders resting on rubble mound foundation. Acta Oceanologica Sinica, 1996, 15(3): 377-395.

[76] Da-hong Qiu, Qi-long Wang. The irregular wave induced seepage force on the bottom of a circular cylinder. J. of offshore and polar engineering, 1997, 7(1): 70-76.

[77] Shen Yong-ming, Qiu Da-hong, A. T. Chwang. Three-dimensional refined modeling of water quality in victoria harbour. Acta Oceanologica Sinica, 1998, 18

(1): 85-95.

[78] Qiu Da-hong, Wang Yong-xue. Developing tendency of coastal and offshore engineering in the 21st century. Progress in Natural Science, 2000, 10(6): 425-431.

[79] He-quan Sun, Da-hong Qiu, Yongxue Wang. The application of hartley transform to ocean engineering. Acta Oceanologica Sinica, 2003, 22 (3): 483-490.

[80] Sun He-quan, Qiu Da-hong, Shen Yongming, et al. Wave measurement based on light refraction. Acta Oceanologica Sinica, 2004, 23(2): 359-366.

## 著作

[1] 大连工学院水利系水道及港口教研室. 港及港工建筑物. 北京: 高等教育出版社, 1958.

[2] 邱大洪. 波浪理论及其在工程上的应用. 北京: 高等教育出版社, 1985.

[3] 邱大洪, 薛鸿超. 工程水文学. 3版. 北京: 人民交通出版社, 1999.

[4] 邱大洪, 孙昭晨. 波浪渗流理论. 北京: 国防工业出版社, 2006.

[5] 邱大洪, 薛鸿超. 工程水文学. 4版. 北京: 人民交通出版社, 2011.

# 后记

## 后 记

邱大洪院士是我国著名的港口、海岸和近海工程专家,被誉为"中国港口设计第一人"。但是,长期以来,我们并不悉知其人生奋斗的历程、学术研究的成就和工程实践的贡献,以及这背后许许多多的故事。因此,编写一部传记,力图全景展现这位老科学家的一生,非常必要。

近几年来,笔者由于工作的关系,有机会接近邱大洪院士并多次与他交谈沟通,也掌握了保存下来的方方面面的相关资料。纵观邱大洪院士的一生,我们认为以下几方面尤为可圈可点。首先是年少立志,家国情怀激励他发奋求学。父亲的教导让他明白了"民为邦本,本固邦宁"的道理,颠沛流离的求学生活坚定了他为国家奋斗的理想信念。他宁肯绕远路上下学,也不肯在日本侵略者面前弯腰。在清华大学学习期间,更是积极参加社团组织,宣传进步思想。开国大典让他心潮澎湃,立志学有所成,贡献国家。其次是学成报国,个人价值和国家建设需要紧密结合在一起。大学毕业,他自愿到急需人才的东北建功立业。他参与创建我国第一个港口工程专业,亲自参加我国第一个现代化渔港、第一个现代化油港的工程设计,积极为众多的港口设计、实验室建设建言献策。他自觉地把知识奉献给社会,在国家经济社会发展急需的工程建设中实现个人的价值追求。再次是勇于探索,开拓创新是他一贯的学术研究和工程设计追求。他眼光独到,在连云港工程建设中大胆提出"邱氏板凳"理论,在洋山港的四期工程论证中力排众议坚持保留颗珠山"汊道口",这些创新设计都来自其扎实的理论功底和丰富的工程实践,同时也是基于他对工程设计的高度负责和长远规划。最后是

洪流向海　波浪情缘——邱大洪传

严谨务实,始终坚持实事求是,坚持理论联系实际。无论创建海岸和近海工程国家重点实验室,还是建设沉浮式海洋平台、混凝土海洋平台,无论是温州浅滩围涂工程、曹妃甸港工程建设,还是大连滨城资源开发与生态保护,他都慎谋慎断,高度负责,坚持从实际出发,用理论指导实践。

耕耘数十载,回首间桃李芬芳;奔波几万里,贮足处功勋卓著。半个多世纪的风风雨雨磨砺了一颗赤子之心。"赶上了新时代的腾飞发展,时不我待,我要只争朝夕,在有生之年竭尽所学为国家多做些事情。"说起往事,邱大洪总是很平和地如是说。时间的长河奔流不息,唯有文字可以流传到遥远的后世。愿这部传记能让读者记住这个闪光的名字——邱大洪。

本书在写作过程中,得益于浙江湖州南浔同乡会、上海市图书馆、上海市史志办、上海南洋模范中学、上海市第三中学、大连新港档案馆、辽渔集团档案馆、华东师范大学河口海岸学国家重点实验室等很多单位,以及接受采访的邱大洪院士的众多同事、同学、朋友、学生提供的珍贵资料和生动素材。邱大洪院士所在单位大连理工大学建设工程学部、海岸和近海工程国家重点实验室的相关人员进行了史料研究、资料审校等工作。限于篇幅,不能一一列出上述单位和人员名单,一并致谢!本书的出版,基于老科学家学术成长资料采集工程的研究成果,以及大连理工大学基层文化建设项目的支持。

王晶华　姜文洲<br>2022 年 9 月